縱觀天下

縱觀天下

縱觀天下

縱觀天下

金色俄羅斯

穿越時空之旅

方鵬程 著·高莉瑛 攝影

前言—
抓住難得的機會來去俄羅斯

俄羅斯，作夢也沒有想到會去的地方，我們還是抓住機會去了。十天的旅程，對我們來說，好像作了一場夢。每天都有新的驚奇，每天都像坐在雲霄飛車裡，有非常令人難忘的刺激，我們終於見到了歷史上的俄羅斯，也看到了放棄共產主義、走向新世界的俄羅斯。

機會難得，哪有不去的道理？

一九九一年年底蘇聯正式解體以前，我們不可能有機會去共產國家旅行，雖然在一九八九年台灣已經正式允許新聞記者前往中國大陸等共產國家採訪，我也在當年四月去過北京採訪亞洲開發銀行北京年會；但是，還沒有機會去蘇聯採訪，蘇聯就解體了。

一九九一年，蘇聯各加盟共和國紛紛獨立，組成鬆散的獨立國協，俄羅斯開始走向社會民主制度，經濟殘破，百業待興。勇敢的台灣中小企業家，早已跑進俄羅斯去尋找商機；接著，勇敢的台灣旅客，也開始參團前往俄羅斯旅行。十幾年來，相信已有不少的新聞記者、學生、觀光客，去過俄羅斯。

二〇〇五年，我們去過北歐四國，俄羅斯的聖彼得堡就在眼前，由於行程的安排，我們卻過門不入。二〇〇六年六月初，帶團旅行的老朋友黃文宏，突然來電問我們要不要去俄羅斯，還剩兩個名額。我們毫不考慮，一口就說「要去」。就這樣，我們去了一趟俄羅斯，帶回許多驚人

的故事和照片，迫不及待要與大家共賞。

老友新知，結伴同行

六月十四日，在桃園國際機場，我們遇到了一起去北歐旅行的台中青春旅行社童淑華，她也帶了台中地區的十幾個人，要去俄羅斯，其中有幾位是我們認識的，一問之下，原來我們是同一個團。

童淑華還介紹我們認識另一個俄羅斯團的領隊，當天台北就有三個團要去俄羅斯，沒想到後來我們在俄羅

俄羅斯的孩子，正在思考如何描繪俄羅斯的未來。

東正教教堂遍布各地，在蘇聯時期一度被禁止與破壞，現在又成為俄羅斯人生活的重心。

斯遇難時，另一個團隊伸手幫了我們一把，讓我們非常感動。

我們這個團共有二十多人，領隊是高雄輝鷹的黃文宏，他帶了幾個人從高雄去香港與我們會合。到了香港，我們才知道同遊過東歐、北歐的張月華、林金梅也來了，旅友相見，分外高興，一路上有說有笑，倒也不寂寞。

這趟行程中，我們也認識了一些新朋友，有台塑企業退休的董清吉和他的小舅子、銀行退休的陳先生夫婦、台中地區製造肉乾有名的白先生、製造烤鴨有名的黃華銘、退休的小學校長和教師邱先生夫婦，一位第一次踏出國門旅行的女企業家、還有一對姊妹…等等，各路英雄、好漢、女傑都到齊了，後來大家一起經歷了許多難忘的驚險。

故事精釆，聽我道來

俄羅斯十天，我們看到塞車

非常嚴重的莫斯科、歷經千年歷史的金環三個古城、半路遊覽車拋錨，被同樣來自台灣的旅行團救起來、一起到機場去趕飛機，飛機不等我們，自己飛走了，我們熬到半夜才搭上慢車，走了十二小時才到聖彼得堡。從聖彼得堡回來，碰到旅館大爆滿，我們二十多人擠在八個套房，有的七人擠在一間「總統套房」，有的四人擠在一間大套房，真是難得的聚會。最後大家寧願放棄大採購的機會，早幾個小時到國際機場等飛機。有人說好好玩，有人說下次再也不來，還有人一日三變，早上才說要告訴大家來玩，晚上就說告訴大家不要來，第二天看到漂亮的美景，又說還是要大家來玩。

我們在俄羅斯，還有很多精采的故事，請您泡一杯好茶，聽我慢慢說來吧。

A. 華麗的宮殿與花園，美化了聖彼得堡。

B. 觀光客在俄羅斯，體會俄羅斯的文化與風情。

C. 街頭手風琴家，可以在鄉間自由地拉琴歌唱。

金色俄羅斯──穿越時空之旅

目次

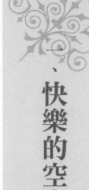

一、快樂的空中小姐

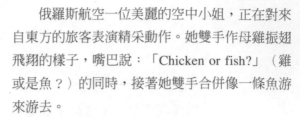

俄羅斯航空一位美麗的空中小姐，正在對來自東方的旅客表演精采動作。她雙手作母雞振翅飛翔的樣子，嘴巴說：「Chicken or fish?」（雞或是魚？）的同時，接著她雙手合併像一條魚游來游去。

飛機上有許多來自東方的旅客，不懂英文，她的動作非常清楚，使得旅客們大為開心，同時也了解可以選擇什麼午餐。這麼開朗的俄羅斯小姐，讓我對俄羅斯之旅，充滿了期待。

牛肉在哪裡？

我們坐在左邊三排的旅客，可就沒這麼有趣了。一位中年空中少爺，相當嚴肅，和其他的機組員一樣，或許是嚴肅慣了，幾乎沒有笑容。我聽前面幾位乘客說：「牛肉。」空中少爺就給他一盒午餐，我以為我們這邊有牛肉可吃，所以我也要牛肉，高高興興打開餐盒一看，是義大利番茄醬炒麵，哪有什麼牛肉？

我百思不得其解，最後想通了，你要的是他沒有的東西，他的英文不好，無法跟你溝通，乾脆給你一盒非雞非魚的義大利麵，豈不也是一種俄羅斯式的幽默？

飛機上的奇遇，是精采行程的開始，好戲還在後頭呢，可是，當時我們也沒有想太多，既然給你義大利麵，就吃吧，免得餓了肚子。

從香港搭乘俄羅斯航空的班機，經過北京、西伯利亞上空，再飛往莫斯科，需要十個小時的

航程。我們乘坐的班機，每排七個位置，兩邊各兩個座位，中間一排三人坐，總共約六十幾排，倒也像波音七三七客機。

喝酒要付錢

六月十四日上午十一時，從香港起飛一小時後，開始供應飲料，有柳橙汁、蘋果汁、番茄汁、礦泉水可供選擇，如果想要來杯小酒，可就要付錢了，啤酒兩歐元，折合新台幣約八十幾元，相當於餐廳的啤酒價

快樂的空中小姐，像練過舞蹈的俄羅斯女郎。

格，其他紅酒烈酒從兩元到四元
不等，看起來價格還合理。

　　下午兩點鐘，開始供應午
餐，這些餐盒應該是從香港的空
廚來的吧，吃起來有點香港味。
你問我香港味是什麼，我也說不
清楚，除非自己親身體驗一下，
反正不是俄羅斯的味道就是了。

　　在飛機上十個小時，漫漫長
日，看了兩部電影，其他的時間
只好趕快睡個午覺，說不定下飛
機後，還要折騰一番呢。

A.俄羅斯小姐展露笑容，健康快樂又
　美麗。

B.俄羅斯娃娃表情不一，象徵她們對
　新時代的不同反應。

一、莫斯科機場的關卡

在前往俄羅斯以前，旅行社給我們的資料說，俄羅斯入境手續尚稱簡便，但因當地入出關設備不足，檢驗證照及海關人員動作緩慢，常需等候良久。

這或許是旅行社預先給觀光客的心理建設，其實，很多國家的機場移民局櫃檯也是大排長龍，花費半個小時到一個小時入關出關，也是常有的事，不足為奇。

在飛機上，我們以為可以自行填寫入關資料卡，誰知道表格上面全是俄羅斯文，它認識我，我不認識它，只好等候領隊幫我們一張一張的填寫好，並不是領隊懂得俄文，而是按照既定位置，用英文來寫。這個時候就後悔沒有學俄文了。

這張白色的申報單非常重要，在俄羅斯期間，要一直帶在身邊備查，千萬不能丟掉。投宿旅館時，必須連同護照交給旅館保管，離開旅館時再拿回來。

不可多帶錢離開俄羅斯

旅客要自己填上攜帶多少錢，三千美元以下就不必申報了，如果多於三千美元，最好申報，他們規定，觀光客帶出來的錢，只能少於申報的數字，如果多出原來的數字，表示你在俄羅斯賺了錢，這就有問題了。俄羅斯正在經濟發展時期，不要別人來俄羅斯賺走他們的錢。

在夏天，莫斯科與台北有四小時的時差，台

北時間倒退四小時，就是莫斯科時間。例如，台北時間下午四點，正是莫斯科中午十二點，所以，快到莫斯科時，我們都已經將手錶時間撥慢四小時。

　　六月十四日下午五點半，我們安然降落在莫斯科國際機場。聽說莫斯科有四、五個機場，我們跟著領隊走，也就不太注意到底是在哪一個機場降落，反正我們看到的是「正宗」的莫斯科國際機場，機場塔樓標示的是俄文，看了也等於是沒看。

驗證關卡突然拉下鐵門

　　從飛機的空橋下來，走進機場內，大概十五分鐘左右，很快就到移民局驗證大廳。這個大廳只有七、八個驗證窗口，只能容納兩百人吧？有的窗口開著，有的關著，裡面沒有驗證官員。

　　我們選擇最左邊的一排去排隊，因為右邊的幾排都排滿了。大約到下午六點鐘，快要輪到我們了，前面還有七、八個人。突然，裡面的移民局官員，走出來

莫斯科國際機場已經走向現代化，交通非常忙碌。

拉下這一排的鐵門，話也沒說一聲，逕自下班離開了。我們還愣在哪裡，不知是怎麼一回事，在旁邊的領隊黃文宏說，趕快換一排吧，他們下班了。

一語驚醒夢中人，我們找一排人比較少的去排隊等候。這時候，隔壁的窗口突然開了，我們抓住機會，趕快切入，排在前面幾個，順利地、緩慢地向前邁進。

我看那些入關的人，一個一個打開欄柵，進入行李大廳。我心裡有一個錯覺，以為這些欄柵是自動的，只要站在面前，它就會自動開啟，因為我沒有看見別人用手去推它。

欄柵不開，官員說我阿達

阿莉很快就通關了，輪到我去接受驗證。驗證官和一個漂亮的年輕小姐官員，一直在說來說去，然後敲一下電腦鍵盤，要等很久，才看到電腦螢幕顯示的資料，顯然電腦速度很慢，他們也很頭痛。大約十來分鐘，他終於在我的白色表格蓋章，撕下一半，夾在我的護照內，交還給我。我站在欄柵前等候自動開門，等了一分鐘，還沒有自動開門，阿莉站在欄柵內等我，告訴我「推一下」，我聽成「退一下」，我以為太靠近了不會自動打開，所以我就退一步，門還是沒開。我想是電動的機器故障了。

驗證官員看我又進又退，卻沒有出關，究竟在幹嘛？最後他實在是忍不住了，用英文說

從機場看莫斯科市區，高樓林立，九百萬人口生活在當中。

「push」，同時又用手指著自己的腦袋畫了一個圓圈。我知道了，他說我「阿達」，腦筋有問題。我推門出去，心裡想，你們的欄柵沒有自動化，害我等半天，才是好笑呢。

　　進入行李大廳，很快就拿到行李了，這時已是下午七點半。其他的團員也慢慢地出現了，最後還有一兩位，不知因何緣故，被留到最後才放出來，反正語言不通，雞同鴨講，最後還是讓她們入關了。這時距離我們下飛機，已經兩個多小時。

遊覽車塞在路上，等待加忍耐

　　出了海關，前來迎接的是莫斯科當地的導遊吳逸凡，來自西安的留學生，利用暑假期間當導遊，今年才十九歲。

　　忽然，她聽到廣播說，有人在飛機上掉了一個皮夾，請丟掉的人去認領。我們的一個團員說是掉了皮夾，以為是在機場內被摸走了。導遊立即帶他去找警察認領，當然又是一番折騰，我們

在俄羅斯導遊的解說下，逐漸揭開俄羅斯的神秘面紗。

都在機場內等候。

　　解決了皮夾的事，以為可以搭車出發了。消息傳來，還早呢，司機還塞在半路上，今天是朝聖的日子，許多車子塞在路上作龜爬。我們只好在機場內各自找位子坐下來等待。

　　「等待加忍耐」，這是吳逸凡安慰我們的話。她說，往後幾天，希望大家「等待加上忍耐」，莫斯科九百萬人口，有三百多萬輛汽車，整天都塞在路上，尤其是上下班時間，塞得更嚴重，大家只好「等待加上忍耐」。

　　我們在機場等了約半個鐘頭吧，下午八點十分，天還很亮，車子終於來到，載著我們離開莫斯科國際機場，慢慢走向一個充滿變數的未來。

二、揭開莫斯科神秘的面紗

從機場到科斯莫大飯店（Cosmos Hotel）附近餐廳用晚餐的一個多小時內，我們在莫斯科的大街道上緩慢前進，逸凡開始講起莫斯科的故事，揭開了莫斯科的神秘面紗。

八百年歷史的都市

莫斯科已有八百多年的歷史，當初是誰決定要在莫斯科這個森林地帶蓋一座城市呢？

說來話長，每一個城市，都有一段故事，莫斯科也是從森林中的一些小木屋蓋起，逐漸發展到今天有九百萬人口的國際大都市（加上外來人口約一千四百萬）。

要了解莫斯科，就得從俄羅斯說起。當然，俄羅斯也有許多神話故事，比較可靠的傳說是，西元第九世紀時，散處在俄羅斯歐洲地區的斯拉夫人，因為強者割地稱雄，一片混亂，因而要求丹麥的維京人趕快來統治他們（《俄羅斯》，協和國際，頁二七。《俄羅斯紀年》則說，羅立克是來自瑞典的瓦蘭基亞人，在諾夫哥羅德建立了國家）。

羅立克建立第一個王朝

當時維京人（瑞典也有維京人）正在四處劫掠，建立殖民地，聽到俄羅斯人這樣要求，不是正中下懷、樂得俯順民意嗎？所以，丹麥南日德蘭半島（South Jutland）的羅立克王（Rurik）就

在莫斯科西北方建立第一個公國諾夫哥羅德（Novgorod，我們將去訪問）。他的繼承者在藩臣歐立嘉的協助下，征服了基輔，建立了基輔羅斯（Kievan Rus）公國，形成俄羅斯第一個統治王朝—羅立克王朝。

十三世紀時，蒙古大汗成吉斯汗的孫子拔都（Batu）曾經攻占俄羅斯，建立欽察汗國，統治俄羅斯兩百五十年。蒙古人只負責收稅享樂，各地區仍由俄羅斯的各獨立公國統治。

莫斯科的興起，成為俄羅斯團結的象徵。蒙古人統治到一四八〇年，離開俄羅斯。十六世紀，一五四七年，恐怖的伊凡四世統一俄羅斯，冠上「沙皇」的稱號（好比秦王政統一六國後，自稱秦始皇一樣），成為俄國的第一個沙皇，開創了三百多年的「沙皇時代」。

彼得大帝要與歐洲爭霸

一七二四年，彼得大帝要與歐洲爭鋒，將首都搬到聖彼得堡（St. Petersburg），一直到一九一七年共產黨革命成功，一九二二年列寧（Vladimir Lenin）宣布成立蘇聯，以莫斯科為國都，莫斯科再度成為權力中心。

當初莫斯科是怎樣建造起來的呢？一一四七年的地方誌已經提到，莫斯科河畔的山丘之間有一個聚落。一一五六年，基輔公國的多哥魯基大公（Yuriy Dologorukly），像我們一樣喜歡遊山玩水，偶然來到莫斯科河畔，看到這一片美麗的景象，還有許多美麗的姑娘，不覺動了凡心，要在這裡築城定居，享受天人之樂。

多哥魯基大公建立莫斯科城

但是，歷史不是這樣寫。歷史上說，多哥魯基大公看到莫斯科的戰略位置很重要，為了像《倚天屠龍記》裡面的張無忌一樣對抗蒙古人，就告訴他的部屬，要在這裡築城，享受人間之樂。其實，「莫斯科」的俄文（Moskva）原意是「潮濕」，還有一些沼澤地，可以防止敵人入侵。

多哥魯基大公首先建造的王

莫斯科保留了許多森林綠地，白樺樹林散布在公路兩旁。

據說彼得大帝年幼時，曾經住過這間小木屋。

城，是權力統治中心，稱爲「克里姆林」（Kremiln，意思是王宮）。四周有木頭欄柵圍起來，像一座城堡，可以保護人民。現在我們所看到的莫斯科克里姆林宮，是一四八五年伊凡三世請來義大利的建築師群所建造的，歷經十年才完成。

　　莫斯科不斷地擴大，從市中心往外發展，貴族、僧侶人員住在圍繞著克里姆林宮的第二環，

農民、工匠與平民住在第三環，這也是莫斯科今天形成三個環形區域的原因。第三環有許多森林，空氣很好，又很清靜，是很好的居家環境。

不要在白樺樹下說謊

　　由於森林很多，大多是白樺樹，當然有許多精靈的傳說。據說，俄羅斯人不喜歡在白樺樹下

高聳入雲的教堂尖頂，傳達了人類期望世界和平的心聲。

說謊話，因為有千隻精靈的眼睛看著你，看你還敢說謊話嗎？如果真的這樣，那麼，在別的地方講的話，嗯…可要分辨一下真假囉。

莫斯科人口九百萬，占俄羅斯聯邦人口的十分之一，最令人驚奇的是，女多於男，或許這是歷年來戰爭造成的吧。其實倒也未必，女生的壽命本來就比男人長壽。男人平均壽命五十六歲，

喜歡酗酒，女生的平均壽命是六十四歲。所以，如果你來莫斯科，會看到許多女生。

既然女生多，俄羅斯的男生就備受關照，但是經過共產政府八十年的統治，養成不隨便說話、不隨便吐露真情的習慣，晚上沒事做，只好喝酒聊天，或許這也是俄羅斯男人經常酗酒的原因吧？女生愛上一個不喜歡早早回家的男人，自己也只好喝點小

酒解悶，因此，俄羅斯女生也喜歡抽菸喝酒。這些都是根據傳說推測的啦。

不過，莫斯科有許多新人，喜歡到彼得大帝廣場的彼得銅像前照相留念，或者到第二次世界大戰紀念碑前照相存證，這倒是真的。二次世界大戰時，德軍曾經攻打莫斯科，俄軍在城內馬路上設置路障。為了紀念二次大戰期間英勇的俄國戰士，當年設置路障的地方，已經建碑紀念。

新婚是長期奮戰的開始？

新人在這些紀念碑前獻花照相，是否象徵結婚以後的人生，也需要長期的英勇奮戰？據說，有些地方的習俗，結婚典禮後，親友開香檳祝賀新人，要喊「苦啊，苦啊！」（發音是「高爾基」，即是「苦」的意思），結婚真的這麼可怕嗎？不過這是後話，我們以後再說。

金碧輝煌的教堂，是俄羅斯藝術與宗教的結晶、人類文化的共同遺產。

莫斯科的道路，以克里姆林宮爲中心，向四周放射出去，這和巴黎以凱旋門爲中心一樣，形成輻射道路網，中間再以環形道路來連貫這些輻射道路。莫斯科最外面的第四環道路，長度一〇九公里，有夠長了吧。

夏天，莫斯科晚上十點多鐘天才會黑，凌晨三點多鐘天就亮了。這麼長的白天，那能一直睡覺？當然會出去談戀愛啦，所以，莫斯科流行一首歌曲：「莫斯科郊外的晚上」，述說夏天晚上談情說愛的心情。

今夜，我們倘佯在莫斯科郊外的科斯莫大飯店（Cosmos Hotel），度過一個美好的晚上，我們心中也哼唱著：「你我永不忘，莫斯科郊外的晚上。」

全民經濟展覽館，展示俄羅斯十幾年來的經濟發展成果。

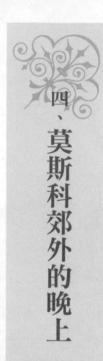

四、莫斯科郊外的晚上

我們想起逸凡曾經在車上唱了一段「莫斯科郊外的晚上」，歌詞非常優美，曲調也很動聽。於是，我們設法找到這首歌的歌詞，哼哼啊啊的唱著：

深夜花園裡，四處靜悄悄，樹葉兒也不再沙沙響。
夜色多麼好，令我心神往，在這迷人的晚上。

小河靜靜流，微微泛波浪，明月照水面閃銀光。
依稀聽得到，有人輕聲唱，多麼幽靜的晚上。

我的心上人，坐在我身旁，偷偷看著我不聲響。
我想開口講，不知怎樣講，多少話兒留在心上。

長夜快過去，天色濛濛亮，衷心祝福妳好姑娘。
但願從今後，你我永不忘，莫斯科郊外的晚上。

原來這首蘇俄的民歌，是一九五六年的創作，在一九五七年的莫斯科世界青年大會中演唱，受到很大的歡迎。中國首先翻譯引進大陸地區，但在文革時期被禁唱，改革開放後恢復自由傳唱，近年來還經常占據最受歡迎歌曲的排行榜。不同的歌手，也有不同的翻譯版本和唱法，所以我們可以從網路上找到許多翻譯版本，也可以欣賞到這首動人的俄羅斯歌曲。

赫魯雪夫貶低史達林

一九五六年，那位曾在聯合國大會上、在眾目睽睽下脫下皮鞋，拿皮鞋在桌子上敲打，表示

科斯莫大飯店與智慧女神展開雙手，迎接美好的一天。

反對意見的赫魯雪夫，發動貶低史達林運動，反對個人崇拜。俄國藝術家也受到鼓勵，不必再以塑造英雄崇拜、虛構模範人物、歌功頌德為創作的唯一體裁，有些比較大膽的藝術家，開始以普通人的故事遭遇為題材，反應人性。「莫斯科郊外的晚上」這首歌，就是這樣創作出來的。

赫魯雪夫在俄國是一個有爭議性的人物，他在一九五六年派兵鎮壓匈牙利的反共革命。雖然一時鎮壓下來了，卻點燃了東歐人民渴望恢復自由的心。當時，匈牙利流行一首詩：「生命誠可貴，愛情價更高。若為自由故，兩者皆可拋。」

赫魯雪夫於一九六四年被迫下台，悽涼終老，死後沒有被放在紅場給民眾瞻仰，而是埋在另外一個地方（新少女修道院）。再過四年，捷克也在一九六八年發生爭取自由的「布拉格之春」，蘇聯照樣派兵鎮壓。

一九七九年又派兵侵入阿富汗，陷入戰爭的泥淖。

戈巴契夫放棄東西對立

戈巴契夫在一九八五年上台後，逐漸走向政治開放政策，一九九〇年宣布放棄「一黨專政」，實行總統制，但由於經濟衰退，民生凋弊，強人葉爾欽崛起爭權，導致蘇聯崩潰，俄羅斯走向社會民主制度，東西方冷戰結束，今天我們才有機會來到俄羅斯觀光，才有機會在莫斯科郊外的大飯店看月亮。

莫斯科人夏天的晚上在做什麼？我們沒有去莫斯科人的家裡參觀，所以不知道他們晚上做什麼。但是，我們看到「科斯莫大飯店」內有賭場，有歌舞表演，

科斯莫飯店牆上的壁畫，描繪出莫斯科郊外的晚上，有情人一起賞月的情景。

莫斯科郊外的莊
園，曾經迎接過
多少主人？

有酒吧，有迪斯可舞廳，熱鬧非凡。俄羅斯金髮女郎飄然走過飯店大廳，穿得很古典，呃…原來是爲正要開演的民俗舞蹈團做宣傳。

「科斯莫大飯店」是爲了迎接一九八〇年的莫斯科奧運會而興建的，法國與俄國工程團隊聯合設計施工，一九七九年完工後，開放作爲觀光飯店經營，也曾經作爲當年奧運會的新聞中心。但是，由於俄國在一九七九年揮師進入阿富汗，導致美國等許多國家抵制莫斯科奧運會，當年奧運因此大爲失色。俄國人爲

了感謝法國人的支持，竟然在飯店前面聳立了一尊戴高樂總統的銅像，看起來非常奇怪。

月亮照在莫斯科郊外的晚上

我們從飯店客房的玻璃窗看出去，月光明亮，星兒依稀，大地沉睡在一片漆黑裡。黃昏時候擁擠的車潮已經不見了，每逢週五下班後，他們都趕到郊外去度假，大概還唱著「莫斯科郊外的晚上」吧。

身在充滿神秘氣氛的莫斯科，體會走向社會民主制度以後

的俄國風情，我們感到彷若一夢。原來時境變遷，再大的敵人也可以和平相處，只要不再具有威脅性，何愁天下不太平？曾經是世界兩大超強大國之一的蘇聯，竟然會在一九九一年耶誕節正式解體，不再與西方國家爲敵。俄羅斯的興衰，不禁讓人想起中國的一些古詩詞：「古今多少豪傑，而今安在？」

　　我們能夠有緣相伴，遊走天涯，也是一種幸福。今夜，在莫斯科，我們體會「莫斯科郊外的晚上」這首歌的眞情眞意，希望我們大家都永生不忘，莫斯科郊外的晚上。

天真無邪的孩子，正在走向俄羅斯的未來。

五、金環之旅：夏爾傑夫修道院

為什麼千里迢迢跑到俄羅斯來看修道院？我們又沒有想要去當修士修女，俄羅斯有那麼多的金髮美女佳人、新興的迪斯可舞廳、天鵝湖芭蕾舞、馬戲團，為什麼第二天就去看一大堆的修道院？

金環：金碧輝煌的手環

說來話長，圍繞在莫斯科東北方的好幾個古代城市，都具有數百年的歷史，像金碧輝煌的手環，掛在莫斯科的東北方，所以稱為「金環」。

夏爾傑夫村（Sergiyev Posad）位於莫斯科北邊七十公里、一小時的車程，我們在六月十五日早上八點四十分從旅館出發，九點四十分已經抵達夏爾傑夫村。這個具有六百多年歷史的小村莊，吸引許多俄羅斯人不遠千里一路擠車來朝聖，參訪夏爾傑夫修道院，還要排隊親吻夏爾傑夫（Sergius of Radonezh）的銅棺，看在我們不是東正教（Orthodox

夏爾傑夫的銅像，肅立在修道院外，向過往行旅祝福。

Church）教徒的眼裡，還挺嚇人的。這就好像外國人跑到台灣去看寺廟，看到七爺八爺伸長舌頭站兩旁，一定也會嚇一跳一樣。

夏爾傑夫是何許人也？換一句江湖話，他是哪一條蔥？諸位看倌有所不知，他是俄羅斯東正教的聖人，宗教上的精神領袖，六百多年前他所創建的夏爾傑夫修道院，成為俄羅斯北部的精神文化中心，很多人自願來此出家，修成正果，然後再到各地去創建教堂與修道院，渡化有緣人，好像呂洞濱等八仙、又好像達摩祖師等高僧一樣，自然受人尊敬了。

教堂內也有十八羅漢？

我們在修道院門口先拍幾張照片，大門內的牆壁上畫的是夏爾傑夫開發此地、興建修道院、教農民種植、傳道解惑的故事。進了此門，再要拍照，就要買攝影票了，每部照相機繳費一百盧布（約等於四美元）。

俄羅斯解說員帶領我們參觀夏爾傑夫最早修建的聖三一教堂（Troitsky Sobor），向東的一面牆壁上，畫著許多聖人像，四周牆壁也畫著許多聖經上的故事。東面是東正教的祭壇的主位，兩旁有雕刻精美的柱子支撐著。

我們團裡一位姓董的的仁兄，一看到這個場面，不禁大吃一驚，很有感觸地說：「原來他們東正教也有十八羅漢、教堂裡也有龍柱！」

牆壁上畫了十幾個聖人像，確實有點像十八羅漢，祭壇旁的

修道院入口迴廊，畫著夏爾傑夫的傳奇故事。

俄羅斯東正教教堂的牆壁，有雕刻精美的柱子，好像中國寺廟的龍柱。

雕畫柱子，確實有點像龍柱。有人聽此一說，差點昏倒。不過，仔細一想，用我們熟悉的十八羅漢和龍柱，來解說東正教教堂內的情景，是不是更容易讓這些團員接受呢？我看有些團員也跟著「啊」的一聲，好像他們也看懂了。

　　用熟悉的語言來解釋一些異國文化，其實我們早就做過了。當天主教在明朝末年經由傳教士帶進中國時，不就是把天主翻譯成「上帝」嗎？「上帝公」不是道教的語言嗎？天主教點燃蠟燭、允許信徒拿香祭祖，不也是接受當地習俗嗎？所以，用十八羅漢來類比東正教的聖人，其實是很傳神的。

教堂屋頂像洋蔥？

　　聖三一大教堂內本來有一幅中古傑出畫家魯布列夫（Andrey Rublyov）所畫的「三聖像」，後來被送到莫斯科特雷亞科夫美術館（Tretyakov Gallery）收藏。我們只能似懂非懂地聽著導遊解說，然後點頭稱奇。

　　俄羅斯東正教的教堂都有洋蔥式的圓頂，塗成金色、藍色、綠色、銀色等各種顏色，但以金色圓頂在日光下閃閃發光最吸引

人。為什麼要建造成洋蔥頭式的屋頂呢？有人說是東正教曾經和回教融合，拜占庭東羅馬帝國的首都是君士坦丁堡，也是東正教與羅馬天主教分裂後的主要根據地，俄羅斯東正教來自東羅馬帝國，所以俄羅斯東正教也採用金蔥頂。

有人說，洋蔥頭是男性的象徵，回教與東正教都崇拜男性，所以建造成洋蔥頭式的屋頂。當然，最能讓人接受的說法是，因為俄羅斯多天下大雪，必須尖而圓滑的屋頂，才能讓積雪滑下去，以免壓垮屋頂。這種說法很實際，但缺乏羅曼蒂克的想像力。

修道院內有兩座聖水泉，一座是在教堂內，是教會人員和貴賓飲用的，另一座在教堂外的亭子裡，是一般信眾飲用的，聽說喝點聖泉水可以讓人健康吉祥，所以很多教徒和遊客都去裝水來喝。

俄羅斯小姐想要出國觀光

我正要走過去湊熱鬧，一位包著頭巾的俄羅斯小姐突然向我走過來，用英語問我說：「你會說日本話嗎？我有一個朋友在日本。」

東正教教堂屋頂有如洋蔥，象徵男性的威武雄壯。

　　這是搭訕的方法嗎？在修道院內和女生講話又不會被抓去，何況老婆就在旁邊，壯膽多了。我趁機會就向她訪談了幾句，了解她的用意。原來她是瑞典人後裔的俄羅斯人，因為夢想有一天能出國去玩，去日本看她的朋友，所以正在專科學校勤學英文，白天當解說員，賺點錢。

　　我對她有點好奇，問她從何處來，五百年前或恐是同鄉。她說，她的媽媽是瑞典人，來自羅爾佳的賀立加（from Helga Lolga）。她在我的筆記本裡寫下賀立加的英文字，所以我就稱她為「賀立加小姐」。

　　我鼓勵她，可以去當導遊，現在俄羅斯正在發展，有一天一定可以帶團去台灣或日本旅行，說不定我們還會在台北的街頭再相逢呢。

　　我們談得漸入佳境，正要進一步深談，我們的團員卻來叫我們趕快進去「聖母升天大教堂」參觀，我只好和賀立加小姐說再見，希望有機會在台北遇見她，她也依依不捨地走了。

悠閒與匆匆的對比

　　教堂不都是一樣？哪有聊天來得好玩？不過，既然繞了半個地球來玩，當然也要看個夠吧，聽導遊解說也很好玩。

　　東正教的傳教士悠閒地走過來，我們卻匆匆地走出去。我們是在追尋什麼？以優雅態度修道的人，和匆匆趕路的遊客，正好成為極端的對比。他們心中有夢，我們心中也有夢，時空剎那的交錯，讓我們在這裡交會而過。下一站，我們將會去哪裡呢？

A. 東正教教堂屋頂有如洋蔥，象徵男性的威武雄壯。

B. 俄羅斯小姐賀立加，訴說她想要出國訪友旅行的心願。

C. 東正教的黑衣教士悠閒地走來，與我們的匆匆走過，形成對比。

六、千年文明的佛拉基米爾

上午十一時離開夏爾傑夫修道院後，我們的遊覽車開了三個小時，進入金環的第二個城市佛拉基米爾（Vladimir），經過一座閃閃發光的「金門」，來到一座女子修道院。

我們以爲又要參觀修道院了，女子修道院會看到像電影「眞善美」裡面的馬利亞修女嗎？

鹽巴麵包迎賓禮

原來不是這麼一回事，我們看到了許多漂亮的女生，出來迎接我們，其中一位女生，手上捧著一塊大麵包和一小碟鹽巴。我走在前面，不好意思看她，匆匆走過，卻被她叫了回來。原來這是她們俄羅斯傳統歡迎貴賓的禮節，先在門口請客人抓一小塊麵包、沾點鹽巴吃下去，快樂又安康。大概以前俄羅斯人趕路時，經過餐廳、或是到人家家裡作客，女主人會先請客人吃一小塊麵包沾鹽巴，一來解飢，二來解饞，三來表示歡迎之意。

看來這個女子修道院已經改爲餐廳了。我們一看時間，不覺已是下午兩點多鐘，飢腸轆轆，

俄羅斯女郎以麵包沾鹽迎賓，是對待嘉賓的禮節。（黃文宏提供）

一小塊麵包正好壓飢解饞，然後等待俄羅斯菜餚上桌。

俄羅斯風味餐

俄羅斯風味餐簡單而有特色，第一道是馬鈴薯香菇湯、搭配酸麵包，我們把湯一飲而盡，大概肚子餓了，什麼都好吃，連酸麵包也很有嚼勁。主菜是牛排或豬排，搭配馬鈴薯、橄欖、酸黃瓜。第三道就是甜點冰淇淋啦。我們吃得津津有味，很快就吃完了午餐，大家都紛紛跑到餐廳外面去看「俄羅斯娃娃」。

對不起，沒說清楚，俄羅斯娃娃不是「金絲貓」，是大娃娃套小娃娃那種手工精製的「俄羅斯套娃」，可以買回家放在桌子上慢慢看個夠。不知是受人之託，還是真的讓人很喜歡，很多人都在挑選「俄羅斯套娃」。

一個「俄羅斯娃娃」代表一個願望，當你對著一個俄羅斯娃娃許願以後，可以用另一個大一點的娃娃把她套在裡面，願望就會實現。因為傳說中的「俄羅斯娃娃」，是一種精

佛拉基米爾的時代紀念碑，代表古城的過去、現在、與未來。

靈仙女，你對她許願，又把她套在另一個娃娃裡，她為了早日脫離拘束，會幫你早日完成願望，所以過一陣子就要打開套娃，讓仙女獲得自由，才能幫你完成願望。

俄羅斯娃娃討人喜歡

據說，「俄羅斯套娃」是俄羅斯的特產，很多人都喜歡，每一組套娃可以套七個到十個，開價從四百盧布到兩三千盧布都有（一美元可換二十五盧布）。有人買了好幾套，殺價一兩百，有人一毛錢也沒殺到，老闆有雙重標準，大概看心情吧。前面一個美國團，只是好奇的看看就走了，我們這個台灣團，卻把他買到沒貨可賣，我總算見識到了台灣團的購買力有多強勁。

三點半鐘，大家才依依不捨地離開藝品攤，到附近去看歷史景點。紀念碑、古城牆、教堂，代表的是一段俄羅斯被蒙古人統治的心酸史，如果不了解這一段歷史，看起來又有什麼味道？

歷史紀念碑處處可尋

原來，佛拉基米爾曾經是十二世紀佛拉基米爾—蘇茲達里公國的首都，曾經被蒙古人（俄羅斯人稱之為韃靼人）攻打劫掠過好幾次，他們俄羅斯人也打過勝戰。據說，佛拉基米爾城本來有金門、銀門、銅門、鐵門等四個城門，在和蒙古人交戰過程中，只剩下金門，其他的城門都打壞了。

現在城鎮中心有一座三面形的紀念碑，碑面上各有一個象徵的人物，一位是與蒙古人作戰的時代，一個是代表東正教宗教聖地的教士，還有一個人物代表現在是工業城市。

俄羅斯歷史最初的起源地是九世紀形成的諾夫哥羅德，在聖彼得堡附近。來自斯堪地那維亞的諾曼人（俄羅斯稱之為瓦蘭西亞人），在羅立克（Rurik）率領下，首先在西元八六二建立諾夫哥羅德。他的後代建立了基輔公國（Kiev，現為烏克蘭首都）。

佛拉基米爾接受東正教為國教

西元九八八年，佛拉基米爾一世接受了君士坦丁堡的東正教，將東正教引入俄羅斯。一一〇八年他建立了佛拉基米爾城，後來基輔公國的勢力衰退後，佛拉基米爾成為政治與宗教的中心，一直到一三二八年、行政中心與大主教從佛拉基米爾遷到莫斯科克里姆林宮為止。

今天我們所看到的佛拉基米爾，是一個保存了中古文化的觀光勝地。十二世紀以來的聖母升天大教堂（Uspensky Sobor），建築精美，內部也保留了許多有名的壁畫。

俄羅斯地廣人稀，歷經戰亂，教堂是支撐人們度過苦難的精神力量。

中世紀教堂狹窄窗口的設計，有助於採光與防寒。

我們團裡的一位黃姓團員，看到聖母升天大教堂構造特殊的窗子，想了好久，終於體會出爲什麼教堂的窗沿要由內向外斜斜建造出來，他說，原來他們這樣可以多收集一些光線，在太陽西下的時刻，也可以讓光線照進教堂內。果然用心，他並不是走馬看花地看教堂，所以他能頓悟而有所得。

聖母升天大教堂是十二世紀時、爲了供奉從君士坦丁堡迎來的聖母像而建造的，窗戶是義大利建築師設計的，確實是爲了採光而作出特殊的設計。教堂在十二世紀時曾遇到火災，重建後的教堂歷經蒙古戰火，幸而能夠保存到現在。

聖母像顯示神蹟

「佛拉基米爾聖母像」，據說是俄羅斯最具有神力的聖母像，最初是聖路克（St. Luke）生前所畫的三幅聖母像之一。西元五世紀被帶到君士坦丁堡，保存到十二世紀（有人研究此畫應創作於十二世紀），於西元一一三〇年代被帶到基輔的一座修女院內。

一一五五年，波哥爾尤比斯基王子（Andrew Bogolyubsky）在戰役中帶著此畫向北前進。當他將渡過克利亞茲馬河（River Klyazma）時，載著聖母像的馬卻不走。王子認爲這是神意，就在當地建造一座聖母升天大教堂，供奉聖母像。

王子後來在與保加利亞軍隊打仗時，受到聖母像的保佑而打敗敵人。蒙古人攻打佛拉基米爾時，民眾躲在聖母升天大教堂內，從教堂屋頂上落石擊退蒙古人，保護教堂免於被蒙古人劫掠。因此，這幅聖母像威名遠播，但在無神論的蘇聯時期，聖

母像卻被送到莫斯科的特雷亞科夫藝廊一個偏僻的角落。

最初聖母升天大教堂只有一個金洋蔥頂，現在已增加到五個洋蔥，裡面的壁畫是年輕的修士魯布列夫（Andrei Rublyov）所畫的。東壁是聖壇的正面，畫著許多聖像，當中有一個聖門，用金子裝飾，代表神人溝通的門

戶，每年復活節，聖門必定開啓一次，只有神職人員可以進入聖門。

新人結婚不苦不苦

教堂後面有一處高地，是新婚夫婦開香檳慶祝的地方。據說新人於教堂內結婚後，在親友

佛拉基米爾的古老建築，具有藝術風格。

的簇擁下來到空曠的高地，喝香檳慶祝。這時親友們要高聲叫著「高爾基、高爾基！」（意思是：苦啊！苦啊！以後有你受的啦！），新人在「高爾基」聲中親嘴，表示「不苦、不苦，你看多甜蜜呢！」

我們在教堂外碰到一對穿著禮服剛結婚的新人，笑咪咪地在照相，或許他們已經親過嘴、覺得不苦了。

佛拉基米爾的歷史、人物、教堂，距離我們是如此地遙遠。如果我們不是千里迢迢來旅行，又怎麼能夠和古人產生心靈的交流呢？蒙古人早我們八百年來過這裡，雖然統治俄羅斯兩百多年，他們卻已被埋沒在歷史的洪流裡，只剩下一些血緣關係還流動在俄羅斯人的血脈裡。

現代人能夠自由自在的來去觀光旅行，看看古人的歷史、文化，和現代人的生活情形，和平相處，交易互惠，這不是很好嗎？

在黃昏時刻，我們抵達蘇茲達里，今晚我們投宿在一個文化悠久的地方，睡夢中也會和古人相視而笑。

一對新人在教堂結婚後，留影紀念，期望白頭偕老。

佛拉基米爾古城內，到處是東正教教堂，讓我們感覺好像回到古老的中世紀。

七、參觀蘇茲達里古城

蘇茲達里是十二世紀多爾哥魯基（Yury Dolgoruky, 1149-57）大公領地的首都，屬於羅立克王朝（Rurik dynasty），他的兒子波哥爾尤比斯基王子（Prince Andrew Bogolyubsky）後來建立了佛拉基米爾—蘇茲達里公國。

當我們在六月十五日下午六點半抵達蘇茲達里時，天色還明亮。夏天在俄羅斯可以玩到晚上十點鐘，天色才會暗下來，所以活動的時間很長。

教堂前的黃昏市集

旅館前面一塊空地上的市集，卻準備打烊了。我們這些遠道來訪的東方客人，好奇地觀看攤位上的東西，不外是工藝品、衣帽用品、和刀叉工具，比較特別的是圓圓像雞蛋的打火石，兩顆打火石互相敲打，就會產生火花，這或許是野

教堂前的黃昏市集，有許多古玩珍寶，等待有緣人去蒐藏。

古代木製教堂群，展現了古人的智慧。

外求生的用品。

　　市集空地四周，舉目所見，都是洋蔥頂的教堂。蘇茲達里古城，面積只有九平方公里，卻有上百座的古修道院和古建築，其中最著名的是一二二五年修建的聖母誕生大教堂，屋頂有金沙點綴的藍色洋蔥頂。

　　我們在蘇茲達里度過安靜的一個晚上，天空下著小雨，到第二天早上還是濛濛細雨。

　　我們踏著雨絲，在六月十六日早上九點多鐘，開始參觀蘇茲達里的古木造教堂群。

木造教堂民俗村

　　那是一個經過整建的民俗村，除了有夏天的教堂，還有冬天的木造教堂。兩者的差別在地板的高低。冬天的教堂地板較高，減少寒氣的侵襲。木造教堂沒有用一根釘子，全部都是用卯榫接合，可見俄羅斯的古代木工也很進步。

　　民俗村內還有一座古代農家三層樓的建築，這是比較富有的農家才有的木造房子，外面木板牆壁上還有刻花裝飾，象徵家庭幸福與吉祥。房子裡面保留了古代農家的設備、用具、房間的構造與裝飾，看起來和一般農家沒有兩樣。二樓是客廳，客廳角落供奉的聖母像，是他們生活的重心，虔誠的祈禱可以讓他們度過一切災難，獲得應有的收穫。賓

古代俄羅斯人的生活方式，少不了宗教信仰

客上來到客廳，要先向聖母像行致敬禮，然後與主人打招呼。

　　客廳右邊是主臥室，樓梯上來的空間，加蓋幾張床，給小孩子睡。旁邊還有紡紗室，是婦女們紡紗織布的地方。屋內任何可以利用的空間，都做成床舖，讓從田裡做工幹活回來的人可以倒頭就睡。床舖不是很長，還沒有洗過的腳，可以伸在床外，以免弄髒棉被。

水井邊的民俗音樂家

　　在這個農家前面的水井邊，有一對年輕的俄羅斯人坐在那裡。男生手上拿著一個像盆子的木頭樂器，逸凡說，那是俄羅斯十二至十三世紀的民俗樂器，稱爲「古斯里琴」（gusli），約六、七條琴弦，有點像中國的揚琴，但小很多，約兩尺長。女生包著一條頭巾，看起來像是一對夫妻。

　　我們走過去拍照看熱鬧，其他的人也跟來了。我看前面擺著一疊光碟片，猜想大概是賣音樂光碟片。這時不知哪一位遊客，放了一張十盧布的鈔票在她面前的籃子裡，她就開始唱民歌，男生則叮叮噹噹地彈起「古斯里琴」，唱得很優雅，彈得也很入

彈唱古代俄羅斯民歌的一對夫妻，爲民俗村增添古意。

A. 蘇茲達里十二世紀的古教堂,外牆斑剝,正在整修。

B. 蘇茲達里的市集廣場,黃昏時候仍未散去。

C. 蘇茲達里的河邊,有鄉村寧靜的景色。

八、驚險刺激的旅程－從莫斯科到聖彼得堡

中午時分,我們在蘇茲達里的一家餐廳(據說以前也是女子修道院,房子底下有秘密通道連接男子修道院,我們無法證實),吃到了「俄式的佛跳牆」。

這頓午餐,其實是很可口的俄國風味餐。第一道湯是番茄、馬鈴薯、甜菜、迷迭香牛肉湯,清香可口。第二道是主菜,用馬鈴薯、酸黃瓜燉牛肉,放在小甕子裡,味道很像「俄國式的佛跳牆」,令人胃口大開。第三道就是水果和咖啡了。這是我們抵達俄羅斯以來,最令人滿意的一餐,讓我們覺得運氣不錯。其實,我們的運氣已經開始轉變了,祇是沒有感覺而已。

預期晚上到聖彼得堡

十二點四十分啓程,打道返回莫斯科,我們要搭下午五點四十分的班機去聖彼得堡,晚上就要在聖彼得堡的一座宮殿內吃宮廷晚餐,品嘗一下貴族生活的華麗。

遊覽車在靠近莫斯科的地方開始遇到塞車,

東方美女擺出最優美的姿勢拍照,誰知我們即將面臨一場歷險記。

俄羅斯平原上的森林,從我們的車窗外飛馳而過。

我們計算一下時間,下午三點半,還有兩三個鐘頭,再怎麼塞車,應該可以趕得上。

就在這個時候,我們感到一陣悶熱,突然司機將車停在路邊,下車去看後面的引擎箱,搞了半天還沒上來,我心中暗叫不妙,和其他幾個人也下車去看看。原來連接冷氣機和引擎的皮帶環壞掉了,司機正在換新的皮帶環。可是,新的皮帶環尺寸不合,再怎麼換都沒用,沒電了,汽車發動不起來。

因為我們的車子擋在路邊,後面一些性急的車子,繞道從右邊的人行道超車,被站在前面的警察逮個正著,一個一個叫到警車裡面去「聽訓」,他們在裡面如何得到赦免與悔改,我們沒看見,只看見聽訓後的司機,一個一個垂頭喪氣地離去。聽說在警車內悔改比較好,否則送到法院去就麻煩了。

或許是我們的車子停留得太久了,引起警察的注意。那個本來在抓右線超車的警察,走過來了解情況。一聽拋錨了,還要趕飛機,立刻從路當中攔了一輛校車大巴士,要他們送我們去機場。大概是路線不同或是有什麼

原因吧，大巴士匆匆離開，把我們丟在一旁。

台灣同鄉伸援手

正在危急的時候，後面來了一部白色遊覽車，逸凡眼尖，衝過去攔車，原來是台灣團，跟我們同一天抵達莫斯科的，他們只有十來人，好像是來考察貿易機會的，正好也從蘇茲達里回來，還要在莫斯科待一天。

既然同樣來自台灣，就好講話了。他們二話不說，立刻讓我們將行李搬上車，特別送我們先去國內機場。逸凡很感動，在車上唱了一首「莫斯科郊外的夜晚」，報答大家的關愛。

俄羅斯古代的城寨建築，不知能否抵擋外敵的攻擊？

趕不上飛機了

然而，塞車愈來愈嚴重，等我們抵達國內機場時，已經是下午六點半了。飛機早已飛走，當然還有下一班。領隊黃文宏和導遊吳逸凡一直在跟賣機票的窗口小姐交涉。

時間一小時一小時地過去了。我們飢腸轆轆，黃文宏去買飲料和麵包給大家充飢，要大家等候消息。他說，他們已分頭設法，一方面請本地的代理公司去買火車票，另方面從公司調來兩部新的中型巴士，準備萬一買不到機票和火車票時，用中型巴士送我們去聖彼得堡。

一般說來，團體機票是不能改時間班次的，除非遇到不可抗力的天災。所以，機場小姐不讓他換班次是正常的，同時不告訴他哪一班次有多少空位，這就讓我們不解了。顯然他們想將機位賣給買全票外出度假的人，而不願意賣給打折的團體票。

晚上十點鐘，確定機位無望了，當地代理公司派人開來兩部中型巴士，帶我們去一家中餐廳吃晚餐，同時等候火車票，據說已經買到午夜兩點的慢車票，要開十二個鐘頭，才能抵達聖彼得堡。這總比搭中型巴士、花十幾個鐘頭去聖彼得堡還好吧。

當地公司的經理，派人到餐廳來向領隊慰問，還送來一些麵包、礦泉水，作爲明天早上在火車上的早餐。我們還能說什麼呢？等吧，等車票送來才算數。

改搭慢車去聖彼得堡

凌晨一點鐘，火車票終於送來了，四個人一間房，至少還有臥舖可以睡，可以偷笑了。大家已經累得沒有力氣發飆了，或許是大家都很理智，發飆也沒用，領隊已經盡力了，車子壞掉也不是他所能控制的。導遊逸凡已經急得花容失色，眉頭深鎖，盡力在處理危機了。我們冷靜以對，等候他們處理問題，這是最好的方法了。

凌晨一點半，離開餐廳，兩部中型巴士送我們去聖彼得堡車站。原來他們這裡的習慣，把終

點站的名稱用在發車的車站，讓人一目了然，知道火車是要開往哪裡的。

在火車站月台，領隊將車票和臥舖票分給我們，都是隨便安排的，反正只要打通關節、買得到票就很幸運了，哪能仔細安排誰家的誰、要跟誰同一個包廂？到車上再自己去換吧。

我們拿了車票就上車，等候火車在凌晨兩點開動後半個小時，再來換包廂。因為俄羅斯的火車規定，剛開車的前半個小時，各節車廂的通道門都是鎖起來的，過了半小時以後才能和廁所一起打開。

車廂長嚴守關口

我們上車的車廂是第十四節車廂，說好要和第一節車廂的兩個人交換，所以我們就等在車廂走道上。過了半小時，我們去開通道門，竟然還是鎖著的。這時，隨車的車廂長出面詢問究竟，你們不去睡覺、要去別的車廂幹什麼？偷雞摸狗？

我據實以對，說我們的行李在第一節車廂，約好要去和前面兩個人交換車廂。誰知這位年輕的俄羅斯車廂長，不通人情，一句「NO」就拒絕了。我們嘗試偷溜出關口，幾次都沒有成功，人也累了，就隨便找個空的床舖，躺下去睡了。

這時，在第一節車廂等候我們去換房的人，左等右等，不見人來。青春旅行社的領隊童淑華，首先闖關成功，來到我們這一節車廂。車廂長對她說，不可以過來，要立即回去，童淑華不甩他，直接進來問原因，這才知道原來是車廂長作梗。

與太太同房要五百盧布

她回去後，另一位邱先生，也闖過來看他的太太，準備在旁邊一個空床睡覺，卻被車廂長叫起來，說不可以，一定要「歸營」去睡，要不然就要交五百盧布（二十美元）。他用英文寫「床舖等於五百盧布」。

邱太太氣壞了，寧可讓她先生回到第一節車廂去睡，也不給

車廂長五百盧布。邱先生只好失望地回到第一節車廂。

　　就這樣，我們胡亂睡了幾個鐘頭，天已經亮了。誰還能賴床睡覺？大白天就可以往來了。於是，第一節車廂的人，過來和我們交流、談天、談那個車廂長要五百盧布。

　　我走到車廂通道口，發現車廂長在看書，原來是讀書人，卻帶了一個女生同房。他們已經這麼開放了？

　　我們歷經十幾個小時的驚險，誰也沒有埋怨，大概大家都有很好的修養，只希望火車快飛，早點飛到聖彼得堡吧。

火車越過小河，向聖彼得堡飛奔而去。

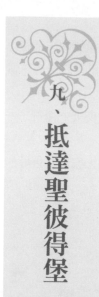

九、抵達聖彼得堡

火車抵達聖彼得堡（St. Petersburg）時，已經是六月十七日下午兩點十分了。算算時間，我們從凌晨兩點搭車，到現在正好十二個鐘頭，大家沒睡好、也沒吃好，我只吃了一塊麵包、和一瓶莫斯科的優酪乳，太有效了，讓我大清倉，有氣無力，還要睜著眼睛拚命作筆記，因為聖彼得堡太精采了。

雄偉壯麗的三百年城市

等在車站月台來接我們的是：聖彼得堡導遊劉小姐，山東人，來俄羅斯留學已經八年了。她帶我們走出聖彼得堡的莫斯科車站（此站是前往莫斯科的起點），映入我眼簾的是雄偉壯麗的建築、寬闊而有風格的街道，我們已經走入一個三百年歷史的美麗城市。

小劉一看到我們，就說，你們是幸運的一

聖彼得堡的街頭，到處是華麗的建築。

群，八國高峰會即將於七月間在聖彼得堡舉行，全世界的觀光客這幾天都拿不到簽證了，俄羅斯已經開始管制遊客人數，聖彼得堡各街道也都在整修，準備迎接八國高峰會。

我們確實是幸運的，下火車後，導遊就先帶我們去吃午餐。餓了十幾個鐘頭的肚子，終於感到安慰和幸運了，我們也有力氣

再去參觀了。

北方的威尼斯

聖彼得堡是彼得大帝為了與歐洲各國爭雄，於一七○三年下令建造的國都，十分之一的面積是水域，美麗的橋樑連結了河流、湖泊、和一○一座小島，是一個模仿威尼斯建築方式而興建

經過十二小時的奔波，火車終於抵達聖彼得堡的車站。

聶瓦河穿過聖彼得堡，將俄羅斯帶向波羅的海。

的都市，有人稱之為「北方威尼斯」（斯德哥爾摩也有同樣的稱號）。三百年的桑海滄田，如今共有四百三十二座橋樑，聯繫了四十二座島嶼，和五百萬人口的通行往來，也連結了沙皇時代、蘇聯時期和現代的俄羅斯。

聖彼得堡，最初是以彼得大帝作為這個都市的守護神而按照荷蘭語音命名為「聖彼得斯伯克」（Sankt Pitersburkh）。當時，彼得大帝非常狂熱地喜歡一切與荷蘭有關的東西，因為他認為荷蘭擁有最先進的文明。一九一四年沙皇尼古拉二世將聖彼得堡改名為「彼得格勒」（Petrograd）。一九一七年十月共產黨革命成功後，德軍進逼彼得格勒，列寧將首都遷移到莫斯科。蘇聯時期又將彼得格勒改名為「列寧格勒」（Leningrad），蘇聯解體後，一九九一年經過公民投票，才改回「聖彼得堡」的原名。

廣場上的戰爭紀念碑，代表聖彼得堡被納粹德國占領九百天的慘痛記憶。

拿破崙住過聖彼得堡

聖彼得堡歷經戰火的洗禮，拿破崙曾經攻下聖彼得堡，再進攻莫斯科。德軍在第二次世界大戰時，包圍占據列寧格勒九百天，城內軍民死傷百萬人，來不及撤走的宮廷寶物，被搬運一空。等到蘇聯軍隊在一九四三年一月擊退德軍，列寧格勒才重獲新生，因此，列寧格勒又稱爲「英雄之城」。

這個在沙皇時代發光了兩百年的城市，當然有許多可看的地方，例如冬宮、彼得夏宮、普希金城、水上漫遊等。我們原定昨天晚上搭飛機來的，可以去看一場芭蕾舞。如今情況已經改變，芭蕾舞已經錯過，今天上半天也虛耗在火車上，當然只有調整行程，去看最精采的地方了。

我們在聖彼得堡、諾夫哥羅德只停留三天，卻看了許多皇宮、美景、寶物，聽了許多故事，彷若身處三百年前的宮廷世界，欣賞宮廷舞、享受宮廷宴，最後還是回到現實世界。

十二世紀留存下來的教堂銅門，畫著聖經的故事。

聖彼得堡的新興區域，有寬闊的現代化道路。

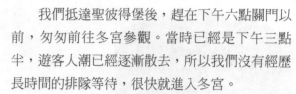

十、冬宮—珍貴藝術品的寶庫

我們抵達聖彼得堡後，趕在下午六點關門以前，匆匆前往冬宮參觀。當時已經是下午三點半，遊客人潮已經逐漸散去，所以我們沒有經歷長時間的排隊等待，很快就進入冬宮。

冬宮，是隱士廬博物館四棟建築之一，按照興建時間先後的順序，冬宮最早建築，其次是小隱士廬、舊隱士廬、和新隱士廬，現在全部開放，供民眾參觀。

彼得大帝興建皇宮送給凱薩琳

彼得大帝在世時（1672-1725），興建了彼得保羅要塞、海軍總部、聶瓦河邊的儉樸夏宮，後來又在芬蘭灣興建彼得宮（亦稱彼得夏宮），另外在郊外沙皇村（今稱普希金城）興建凱薩琳宮，送給他的妻子凱薩琳（後來繼位成為凱薩琳一世）居住。

位於聶瓦河邊的冬宮，又稱「隱士廬博物館」，則是他的女兒伊麗莎白（Elizabeth）在位時（1741-1762），於一七五四年開始在聶瓦河邊、海軍總部右側興建的。

伊麗莎白女王去世後，王位落到姪兒彼得三世（彼得大帝之女安娜的兒子）的妻子凱薩琳二世（Catherine II, 1762-1796在位）的手裡。她開始收藏歐洲各地的藝術精品，放在她的住所隱士廬之內。這些歷代累積的收藏，約有三百多萬件，放在四百個大廳裡，如果每件東西花一分鐘去看，一天看八小時，那就得花十五年才能看完

小金鑾殿，是沙皇接見各國使節與賓客的地方。

所有的藝術品。我們卻在兩小時內驚鴻一瞥，匆匆走過。

我們進入多宮後，首先走過鋪著紅地毯的豪華大使階梯，我們好像是來晉見凱薩琳大帝的大使們，受到禮賓人員的引導，開始參觀宮內的無價寶藏。

階梯四周，有許多雕塑，這可不是隨便擺放的，而是代表權力、豐收、公正、榮譽等不同的意義。灰褐色的大理石柱頂端，有三種不同黃金花瓣雕飾，顯得金碧輝煌，豪華壯麗。

進入等候大廳，四周更是一片金光閃閃、金碧輝煌，這是大使們等候晉見沙皇的地方，我們也在這裡等了一會兒，等前面的參觀者離開後，我們才繼續前行。

A. 蜿蜒而上的樓梯，將貴賓帶入宮廷世界。

B. 冬宮入口，展現了皇家宮殿的氣派與華麗。

C. 金碧輝煌的大廳，也曾冠蓋雲集，盛極一時。

小金鑾殿透露彼得大帝的夢想

在彼得大廳裡，或稱小金鑾殿，有彼得大帝的寶座，寶座後面牆壁上掛著一幅畫，畫著彼得大帝與智慧女神雅典娜走向海洋的神話，畫像上面掛著代表沙皇權力的雙頭鷹，屋頂上的油畫則

凱薩琳二世的畫像掛在牆上，當年曾經威震四方。

是描寫俄羅斯與瑞典爭奪波羅的海的海戰場面。彼得大帝一心想要獲得波羅的海出海口的夢想，在一七〇三年打敗瑞典海軍，奪得芬蘭灣的一片土地後，終於獲得實現，所以他才開始興建聖彼得堡。

徽章大廳果然聲勢驚人，金殿柱子全部是鍍金的，一片金光閃了又閃。這裡是沙皇召集出征將軍開會的地方，面積八百平方公尺，後來也用來開皇家舞會。我們走在平滑的地板上，不知不覺好像要隨著氣氛婆娑起舞。

歷代沙皇真面目

冬宮裡擺放了許多位沙皇與皇后的畫像，我們因此得以看到沙皇的廬山真面目，和皇后們的美麗形象。

一八一二年興建的軍事長廊，掛著俄法戰爭的將軍畫像，當年打敗拿破崙的亞歷山大一世畫像，也懸掛在這裏。

大金鑾殿有彼得大帝的寶座，地板則是用十二種不同顏色的木頭來拼花，非常顯眼而特

鑲嵌在宮殿兩側牆壁上的貝殼瓷器，承接從上而下的水流，會發出悅耳的音樂。

別，連天花板的裝飾花樣也與地板互相搭配。支撐大殿的柱子，是義大利大理石建造的，皇宮高度三十二點五公尺，貴族王公的住宅不可高過皇宮，所以聖彼得堡市中心的舊有建築，高度都只有三、四層樓。

空中長廊有許多各國送來的禮品，還有沙皇到各處搜購的精品。孔雀時鐘，是彼得大帝從英國買回來的，每週三下午，金孔雀會開屏、敲鐘，樹下的蘑菇會顯出時間。

水晶宮是伊麗莎白女王最喜歡的房間，地板上有一幅用馬賽克拼出來的畫，是伊麗莎白女王與賓客賭博用的，舞女坐在圖畫當中，轉動到哪裡，哪裡的數字就代表輸贏。

水晶宮牆壁上有音樂水泉，水流從上而下，沿階滴到貝殼上，發出不同的樂音，好像現代的水晶音樂，非常悅耳。

孔雀石花瓶產自烏拉山，經

媳婦給公公餵乳，述說
一段悲慘的歷史故事。
（黃文宏攝影提供）

過人工切割琢磨，貼在花瓶上，
或者用來做成高腳杯，放在水晶
燈下面承接蠟燭滴下的燭油。

林布蘭與達文西的名畫

　　荷蘭展廳懸掛了許多荷蘭畫
家的名畫，例如林布蘭的「迷途
知返的浪子」，畫的是一個父親
迎接一個迷途知返的浪子，原來
這個浪子在外流浪多年，金錢花
光後，朋友皆離去，因而淪為乞
丐，後來他省悟了，回到家裡向
他的父親認錯，兩個哥哥在一旁
不肖地看著。

　　達文西廳，有一幅達文西畫
的「聖母與聖嬰」，是眾目觀看
的焦點。

　　冬宮還蒐藏了許多義大利文
藝復興時期的繪畫作品，其中
一幅「婚禮前夜」，畫的是一位
貪財勢利的老太婆，將她女兒許
配給一位有錢人，她女兒在婚禮
前夜，與老情人幽會，被母親發
現的場面，充分表現了文藝復興
時期以人為本位的人道思想。還
有幾幅描繪威尼斯水都的畫作，
具有立體感，畫作以總督府為中

心，觀賞者從左邊走到右邊，可看到畫中場面的移動，聖馬可廣場的教堂也會出現在畫作的中央，相當精采。

德國畫家魯斯本繪畫展覽廳，有一幅畫的是古羅馬時代對反抗者的懲罰，規定一週內不給水喝。一位少婦的丈夫在戰爭中犧牲了，她的公公也被關起來，沒有水喝，這位少婦用奶水餵公公，使她們兩人都得以存活下來。據說，魯斯本所畫的女人，皮膚晶瑩剔透，似乎可以掐出水來。

宮中的蒐藏，除了英法等國的精美瓷器外，還有中國瓷器。這些都是外交官負責去搜購回來的。

聖彼得堡冬宮的華麗裝飾，是無價的藝術寶庫。

巨大的紫寶盆，象徵沙皇皇室積聚財富的可觀。

梵谷、高更、畢卡索、馬諦斯

在三樓，各有專室蒐藏梵谷、高更、畢卡索、馬諦斯等人的繪畫作品。馬諦斯的繪畫以紅藍綠三色為構圖，表達紅色人體、在藍天綠地的舞蹈。畢卡索藍色時期的作品也可以看得到。

白色音樂廳，是俄國皇家邀請貴賓一起娛樂的地方，沙皇尼古拉一世的妻子馬麗亞修建的，據說馬麗亞會講六國語言，會彈奏樂器，經常邀請貴賓在這裡舉行舞會。

小白餐廳，是皇室家人用餐的地方，一九一七年十月革命時，紅軍在此逮捕尼古拉二世一家人，後來在烏拉山區予以殺害。當年的紅軍，不也是被歷史潮流淹沒了？

騎士大廳擺著許多古代的

兵器和盔甲，有騎士穿著盔甲、手拿兵器、騎在馬上的英姿場面。我們可以想像當年俄羅斯歷代沙皇是如何地擴展領土，壯盛的騎兵隊伍，掀起滾滾紅塵，戰火燎原，而今安在？沙皇們的歷代蒐藏，不也是開放給後人觀看嗎？古今多少事，盡付笑談中。

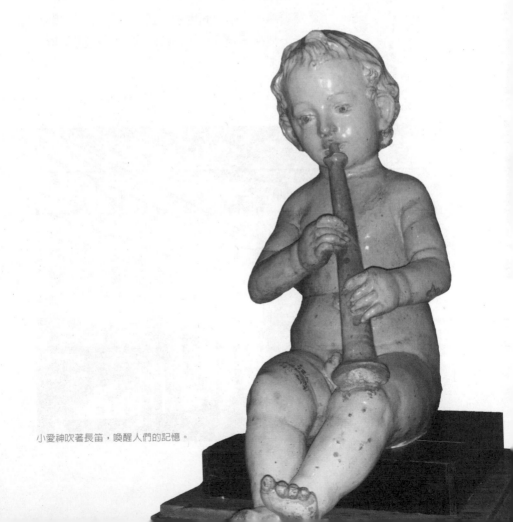

小愛神吹著長笛，喚醒人們的記憶。

十一、尼古拉宮的宮廷晚宴

我們拿著請帖，依序走上豪華的樓梯，雖然沒有人在旁邊唱名：「某某嘉賓來到⋯」我們已經感受到身處十九世紀俄羅斯皇室尼古拉大公宮殿的幻景。

從多宮一路趕來，為的是準時參加在尼古拉宮舉行的宮廷舞和宮廷晚宴，我們全團在當地導遊的安排下獲得邀請（當然是包括在團費裡面）。

我雖然穿著舒適的旅行便裝，但也不妨假裝是穿著燕尾服，挺起胸膛，挽著伴侶的手，優雅地走上樓梯，進入白色裝飾的劇院，迅速地找到位置坐下來。

尼古拉大公的宮殿，如今已經對外開放。

尼古拉大公喜愛的舞蹈表演，如今也吸引了許多觀光客。

精采的俄羅斯民族舞蹈

　　下午六點半，劇院準時開演，穿著俄羅斯傳統服裝的男女舞者，一場又一場地跳著民族舞蹈，令人精神為之振奮不已。

　　原來這裡就是尼古拉大公（Grand Duke Nikolai Nikolayevich Snr.）最喜歡的表演廳，當年他也曾邀請許多演員與舞者，在這裡演出精采的節目，娛樂嘉賓。

　　尼古拉大公是沙皇尼古拉一世（Nikolai I，1825-55在位）的第三子，當他成年的那一天，沙皇宣布送他一項禮物，就是尼古拉宮。但是，歷經十年的建築，尼古拉大公才和妻子亞歷山卓拉（歐登堡公主，Alexandra Petrovna, the princess Frederica-Wilhelmina of

尼古拉宮的接待人員，站在樓梯口歡迎賓客駕到。（黃文宏攝影提供）

Oldenburg）搬進新居尼古拉宮。

尼古拉大公身為俄羅斯陸軍的統帥、和騎兵團的司令，在戰亂的年代，曾經參與了克里米亞戰爭、土耳其的戰爭以及其他戰役，表現非常英勇。但是，沒有作戰的時候，他就在尼古拉宮裡，宴請嘉賓好友，像我們一樣地觀賞精采的表演，享受精美的晚宴，和熱鬧的宮廷舞會，度過美好的時光。

香檳與魚子醬

舞者賣力地演出上半場後，進後台去休息了。我們被邀請到隔壁的房間去喝香檳、品嘗魚子醬。俄羅斯的魚子醬是非常有名而昂貴的，我們優雅地拿著小盤子，挑些土司麵包夾著橘色的鮭魚卵、或是火腿、鹹肉之類的小點心壓壓饞。雖然我們也餓了，卻還得注意到態度要優雅，不要吃相難看，喝香檳也要小口小口地喝。如果想要吃黑色魚子醬，旁邊一個小桌子擺了許多盒，價錢以盧布或美金計算。據說，在聖彼得堡可以買到黑色的魚子醬，但是每人限購兩瓶，超出此限要開發票收據，以備海關查驗。

吃完了小點心，還可以在迴廊四周觀賞俄羅斯傳統工藝品，確實精美，價格也很合理，買的人也不少。這確實是一個推展俄

羅斯傳統文化的好場所。

　　我們繼續欣賞完下半場的俄羅斯傳統民族舞蹈，也看到了各地的傳統服裝，和俄羅斯美女帥哥，掌聲響起，飢腸也咕嚕咕嚕。

宮廷晚宴款待嘉賓

　　散場後，我們被邀請到另一層樓的宮廷宴會廳，每六個人一桌，桌上擺著鮮花、精美的餐盤、刀叉，還有每人一份節目單，上面寫著「宮廷晚宴，二〇〇六年六月十七日晚上八時十五分在尼古拉宮舉行，歡迎來自台灣的貴賓。」我們看了好感動，接著再看下去，那就是今晚的菜單了。

　　在一位妙齡女郎現場彈奏鋼琴名曲的氣氛下，第一道前菜義大利式沙拉上桌了，我們品嘗混

尼古拉宮準備香檳與點心，款待參觀的嘉賓。（黃文宏攝影提供）

十二、彼得夏宮—北方的「凡爾賽宮」

去過巴黎近郊「凡爾賽宮」的人，都知道那是一個金碧輝煌、珍藏著價值連城的寶物的法國皇家宮殿，還有廣大的花園，令人回味無窮。聖彼得堡的彼得夏宮，當初就是以凡爾賽宮為藍本興建起來的庭園宮殿，號稱「北方的凡爾賽宮」。

我們在六月十八日早上九點出發，前往位於芬蘭灣附近的彼得夏宮參觀。排隊等候入場的觀光客很多，我們從上花園看起，然後走到夏宮的入口處，痴痴地站在大太陽下等，到十一點才輪到我們進場。

仿若置身凡爾賽宮

彼得夏宮可參觀的地方有上花園，下花園和彼得宮。上花園和凡爾賽宮的花園一樣，以大草皮、雕像、水池為主。下花園在彼得宮的後方，沿著斜坡樓梯擺飾了許多鍍金的雕像和噴水池。最大的一座噴水池，可噴出十公尺高的水柱，水池當中是一座神話中的大力士參孫徒手撕裂獅子的嘴巴的鍍金雕像，非常氣派。二〇〇六年七月的聖彼得堡八國高峰會開幕典禮的精采表演，就是在彼得夏宮的下花園噴水池前舉行的。

彼得大帝在一七二〇年代，於芬蘭灣興建夏宮時，最初僅有一座兩層樓的宮殿，後來陸續改建為巴洛克式建築，裡面有御座大廳、書房、中國式大廳、畫像大廳、白色餐廳等。

進入夏宮，必須在鞋子外面穿上防塵外套，

一方面是防止帶進許多外面的灰塵，另一方面則是防止鞋底刮傷磨損宮內的地板。我們依序穿上防塵套，等候導遊帶領我們進去參觀。

納粹德軍占據九百天

一進大廳，牆壁上掛著一七二〇年代最初興建的圖畫、和日後逐漸擴建改建的一些圖片，讓我們了解彼德夏宮的歷史，原來在歷史光環的照耀下，夏宮也曾蒙塵，在第二次世界大戰時，德軍占領聖彼得堡九百天，將來不及撤走的彼得夏宮寶物，劫掠一空。一九四四年一月十九日德軍撤出聖彼得堡，蘇聯在一九五六年開始整建彼得夏宮，十年後才開放參觀。

每一座大廳旁邊，幾乎都有荷蘭陶瓷作的大壁爐，以供冬天燒火爐取暖之用，這在住慣了亞熱帶地方、冬天不需要壁爐的人看來，是難以體會的事。

跳舞大廳金碧輝煌，很有氣派。據說在舞會中，女士可以主動邀請男士跳舞，男士不可以拒絕，否則要罰酒，還要罰他當晚不能跳舞。話說回來，哪一個男

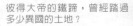
彼得大帝的鐵蹄，曾經踏過多少異國的土地？

從上花園看得彼得夏宮，氣勢壯麗，有如巴黎凡爾賽宮

A. 彼得夏宮上花園，比美法國凡爾賽宮。

B. 彼得夏宮上花園的噴水池，有希臘神祇的保護。

C. 彼得夏宮的林蔭小路，帶領人們走向時空藝術之旅。

士會敬酒不吃、吃罰酒呢？

羅曼諾夫王朝南征北討

等候大廳是貴族或各國使節等候晉見沙皇的地方，牆壁上掛著一幅壁畫，描寫彼得大帝當年參加波羅的海海戰、爭奪出海口的海戰情形，看起來打得十分壯烈。彼得大帝的一生，不斷發動戰爭，目的就是從瑞典奪取波羅的海出海口、從土耳其奪得黑海的出海口、以及在西伯利亞海參威奪得太平洋的出海口。

朝會大廳懸掛著羅曼諾夫王朝家族的畫像，包括彼得大帝、凱薩琳王后、兩個女兒安娜、伊麗莎白等家族的油畫。俄羅斯歷史上有兩個王朝，最早的羅立克王朝傳到十七世紀時，由恐怖的伊凡四世外戚米契爾·羅曼諾夫（Romanov）在一六一三年繼任沙皇，建立羅曼諾夫王朝，彼得大帝就是米契爾

金碧輝煌的大殿，接待過多少王公貴族，歡度多少次的宴舞良宵？

彼得夏宮的壁畫「波羅的海海戰」，畫出彼得大帝奪取出海口的雄心。

羅曼諾夫的孫子。羅曼諾夫王朝一直到一九一七年沙皇尼古拉二世被推翻而結束，蘇共接著建立了七十四年的蘇聯政權（1917–1991）。

彼得大帝身高兩公尺，所以他的座椅椅背也特別長，擺在彼得大廳中，看起來很突出。彼得大帝的書房擺設很簡單，牆壁上沒有大書櫥，顯然他忙於戰爭，沒有時間看書。

彼得大帝開創輝煌年代

彼得大帝於一六七二年出生於莫斯科的克里姆林宮。在宮廷權力鬥爭中，最後贏得權位，在國際權力競爭中，打敗瑞典，獲得芬蘭灣的土地，建立的聖彼

得堡，歷經二十年的建設，遂於一七二四年正式定都在聖彼得堡。他在聖彼得堡興建的彼得保羅要塞、海軍總部、冬宮、夏宮，起初並不奢華，後來的繼任者不斷擴建，才成為今天的豪華宮殿。

彼得大帝在聖彼得堡生活了約二十年，於一七二五年去世，享年五十三歲。他的第二任太太凱薩琳一世繼任王位，致力於延續彼得大帝的功業。此後三十七年，妻女子孫相繼掌權，宮廷日漸腐敗，埋下帝國敗亡的種子。

我們走出彼得夏宮，沿著下花園的噴泉與庭園閒逛，在樹蔭下的椅子上休息。一個大約一歲的小男孩，顛顛地走過來，從草地上摘下一朵小黃花，很興奮

彼得夏宮的下花園，有人工運河，直通芬蘭灣。

下花園鍍金的雕像，在起落的水柱之間，度過三百年。

地回頭送給他媽媽。這是多麼溫馨感人的鏡頭，我們來不及拍下小男孩送花給母親的一刹那，這個鏡頭卻一直深刻地留在我們的腦海中。在山坡上的彼得夏宮，是權位與激烈爭奪的象徵；在樹蔭下的這個小男孩，是人性最純真的表現。當彼得大帝夜半夢醒時，不知是否會為監禁親生兒子致死而流淚？

從下花園沿著運河向外走，可以走到芬蘭灣。我們從芬蘭灣搭水翼船，觀賞聖彼得堡的水上風光，下午，我們還要去俄羅斯最早的古都諾夫哥羅德參觀。

A. 彼得夏宮的庭園森林，現在是觀光客散步的地方。

B. 彼得夏宮如今緊鄰芬蘭灣，是多少代價的累積？

十三、千年古城諾夫哥羅德

當我們坐了三小時的遊覽車，匆匆趕到聖彼得堡南方的諾夫哥羅德古城時，已是下午七點半了。天色還很明亮，北方的夏天總是可以在陽光下活動到下午十點多鐘，天色才會暗下去。

我們帶著懷古的心情，魚貫進入諾夫哥羅德棕土色的城門，這裡是諾夫哥羅德古城的克里姆林，也就是行政中心，古代統治者居住的地方。

羅立克建立城堡與王朝

據說，俄羅斯最早的羅立克王朝創建者羅立克（Rurik），在西元八六二年帶了三個兒子和瓦蘭基人，應一些厭倦於互相攻伐的斯拉夫人之邀，來到羅斯之地（lands of Russ）諾夫哥羅德，建立王國。今天的諾夫哥羅德居民，都是瓦蘭基人和斯拉夫人的後裔（《俄羅斯初期紀年》）。

來自瑞典的瓦蘭基人羅立克，於第九世紀率領族人建立的諾夫哥羅德。

　　羅立克去世後，其子伊哥爾（Igor）年幼，由藩臣歐立格（Oleg）攝政。歐立格在八八二年征服基輔（Kiev），並將國都遷到基輔，建立了基輔羅斯大公國。從此，以基輔的羅立克王朝爲中心，諾夫哥羅德、佛拉基米爾、蘇茲達里等地都有公國，統治俄羅斯各地，即使在蒙古人統治俄羅斯期間，這些公國只要按時繳稅，也都享有固定的統治權。

紫色的鳶尾花，將諾夫哥羅德的夏天，裝飾得更美麗。

從諾夫哥羅德的城門望出去，是另一個古跡世界。

諾夫哥羅德建城千年紀念碑，記錄了許多歷史大事。

諾夫哥羅德的鐘塔和教
堂，依然是居民信仰與
活動的中心。

建國千年紀念碑

　　一八六二年，沙皇亞歷山大
二世為了紀念俄羅斯建國一千
年，特地在諾夫哥羅德建立一座
圓形紀念碑，上面雕塑一些代表
性的人物。今天，這座紀念碑仍
然聳立在諾夫哥羅德的克里姆
林，即使蘇聯時期極力否認羅立
克王朝是來自瑞典的移民所建，
俄羅斯千年紀念碑仍然被保存下
來。

　　城中心有一座聖索菲亞大教
堂，興建於一千年前（西元一〇
四五前後），早期是木造教堂，
現在裡面還有十二世紀的壁畫，
還有十二世紀的銅門，鐘樓高達
十六公尺。我們沒有進去參觀，
因為已經看了很多教堂，缺乏新
鮮感。教堂旁邊有三個大鐘放在
地上，幾個小女生在大鐘旁玩遊
戲，對我們這些經過的東方人感
到好奇，我們也對她們感到很新
鮮。

觀光業取代對外貿易

　　諾夫哥羅德古城的後
面，瀕臨沃爾霍夫河（River
Volkhov），很多人在河裡游
泳，或在河邊沙灘上打球、遊

戲。河邊路旁有一些小吃店、路邊攤，賣著各種食物飲料。

導遊說要帶我們過橋到對岸的雅羅斯拉夫宮附近看古教堂，我們已經走累了，寧可在橋上看河邊的人遊戲、拍拍照，等他們回來。

諾夫哥羅德照映在黃昏美好的時刻中，遊客如織，大家都顯得很快樂。其實，這裡是古代北方貿易的中心，到彼得大帝興建聖彼得堡後，諾夫哥羅德的貿易地位被聖彼得堡取代了。第二次世界大戰的時候，諾夫哥羅德和聖彼得堡一樣，都受到嚴重的破壞，目前的市容是戰後整建出來的。

我們對諾夫哥羅德的印象，僅止於舊城的高大城牆、高大教堂，和歷史地位。今夜，我們投宿在千年歷史的古城裡，明天一早，我們還是要回到聖彼得堡去。旅行中的人，好像是遷移的漂鳥，明日又天涯。

諾夫哥羅德的河邊，擠滿了夏日玩水的人潮。

A. 快速航行的汽船，將人們帶進
千年古城的歷史回憶。

B. 諾夫哥羅德教堂旁邊的大鐘，
歷經劫難，依然存在。

A

B

世召見普希金，准許他自由選擇住所，但只有沙皇有權審查他的作品，因此使他聲名大噪。

娜塔尼亞人見人愛

一八二八年，普希金在一個舞會上遇見十六歲的娜塔尼亞（Natalya N. Goncharova），隨即求婚，她的母親以「未成年」為由，不同意這椿婚事。普希金就隨軍前往高加索遊歷。第二年再求婚，終獲同意。因此，他們在一八三一年結婚，住在沙皇村。

據說，他們在散步時，碰到沙皇尼古拉一世，沙皇很喜歡娜塔尼亞，就封普希金為禁衛軍，讓娜塔尼亞有機會參加宮廷舞會。

這時，有一位法裔禁衛軍丹契斯，也在追求娜塔尼亞，甚至寄發黑函散布娜塔尼亞與沙皇有染的消息，逼得普希金必須為妻子的名譽而決鬥。

為妻名譽決鬥而死

一八三七年一月二十七日（西曆為二月十日），普希金與丹契斯決鬥，丹契斯只走四步，即回頭首先開槍，以致普希金身受重傷，兩天後去世，年僅三十七歲。雖然英年早逝，他的作品卻廣泛流傳，被尊稱為俄羅斯現代文學之父。

娜塔尼亞後來如何，說故事的人沒有交代，有心人可以去考證。

我們拍下普希金的銅像，看著他在晨光中沉思。他是如此地受到俄國人的重視，他的雕像也刻在諾夫哥羅德千年紀念碑的中間。後來，我們在莫斯科的阿爾巴特街閒逛時，又看到了聳立在路邊的普希金和娜塔尼亞雕像，真是一對「郎才女貌」的才子佳人，可惜不能白頭終老。人世間有什麼能比白頭偕老更可貴的呢？

我們離開沙皇村的普希金銅像，要去凱薩琳宮，看看俄羅斯歷代蒐藏的寶藏。

普希金與美麗妻子的雕像，有
如比翼鳥，聳立在莫斯科的阿
爾巴特街。

十五、浴火重生的凱薩琳宮

從諾夫哥羅德來到沙皇村的凱薩琳宮，已是上午十一時。當我們看到藍色牆壁、白色柱子、金色裝飾的凱薩琳宮，不覺讚嘆沙皇興建宮殿的華麗。今天金碧輝煌、氣勢雄壯的凱薩琳宮，誰能想像第二次世界大戰初期，凱薩琳宮被德軍放火燒了三天三夜的慘狀？

觀光客大排長龍

想要一睹凱薩琳宮真面目的遊客們，來自世界各地，擠滿了宮殿前的庭園。炙熱的六月太陽，惡毒地曬得人發昏。我們足足等了一個多鐘頭，導遊先找人去宮內買票、報名排隊，還是等到下午一點半才輪到我們進場。

皇村大殿，又稱御座大殿，彩繪的屋頂，金箔裝飾的牆面，讓人感到皇家的威嚴與豪華。宴會廳裡，有荷蘭陶瓷壁爐，壁爐上畫的是植

凱薩琳宮的正門，鐵門深鎖，令人有一種「侯門深似海」的感覺。

物、各國民俗、服飾等。這種取暖系統，凱薩琳宮內有七十六座，在二次大戰期間全部炸毀燒毀，整個宮殿在戰後才逐漸重建起來。

我們來到尼古拉一世妻子馬利亞的房間，據說馬利亞喜歡音樂，曾經在她的房間內教貴族淑女彈琴。

跳舞大廳面積八百多平方公尺，需要點一千六百二十支蠟燭，才有足夠的照明。我們只能想像當年皇家貴族等上流社會人士，在跳舞大廳翩翩起舞，醉倒在音樂、美酒、與美女之間的夢境中。

琥珀廳不准照相

凱薩琳宮最神秘、最著名的

以藍、白、金三種顏色裝飾的凱薩琳宮，象徵藍天的深遠、白日的光明、和金色的輝煌。

A. 面對著燦爛輝煌的宮殿，人們心裡作何感想？

B. 金色的大廳，繁華的豪門晚宴已經成為過去，曲終人散。

C. 金色拱門的兩旁，是藍色的陶瓷暖爐，帶給高寒的宮殿一股暖流。

D. 尼古拉一世沙皇與皇后的畫像，看守著王朝的宮殿。

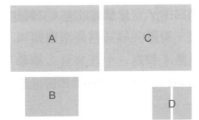

十六、彼得保羅要塞—聖彼得堡的發源地

高聳入雲的鐘塔，像彼得大帝的一把劍，刺入聖彼得堡的天空，讓人從任何角度，都看得到彼得大帝的野心。

我們看過了凱薩琳宮，匆匆用過午餐，直奔晶瓦河口的彼得保羅要塞而來。這裡是彼得大帝在打敗瑞典後，於一七〇三年五月間下令興建的城堡，用來鞏固芬蘭灣和新獲得的這片土地，後來彼得大帝將它命名為「聖彼得堡」。

最早興建的彼得保羅要塞

彼得保羅要塞建在兔子島上，四面環河，城牆四周是不規則的多邊形，教堂與鐘塔建在要塞的中心點。

彼得大帝一心要與歐洲各國爭霸，要為俄羅斯建立海軍，尋找波羅的海與黑海的出海口。他打敗了瑞典、土耳其，終於如願獲得出海口，也

新婚夫婦在彼得大帝雕像前照相留念，緬懷俄羅斯的光榮歷史。

聖彼得堡街頭的聖以薩大教堂，歷經四十年才興建完成，教堂圓頂是由一百公斤的黃金打造的。

加入了歐洲爭霸的行列。

在這種爭霸的過程中，他剷除一切反對的力量，將異議人士關進彼得保羅要塞。然而，第一個被關進彼得保羅要塞的，竟然是他唯一的兒子亞歷希斯，因為他反對彼得大帝的改革政策，而且逃到維也納。被引渡回國的亞歷希斯，關進彼得保羅要塞沒多久，就死於暴力的刑求之下。

爭權奪利動搖帝國基業

亞歷希斯是彼得大帝與第一任妻子所生的兒子，他在一七一八年去世後，留下兒子彼得二世。彼得大帝在一七二五年去世，其第二任妻子凱薩琳在禁衛隊和有力貴族的擁護下繼任沙皇，並成立顧問委員會，任命彼得大帝的六位大臣為顧問，有效地執政。但是，她在位只有兩年，在一七二七年去世前，指定

東正教的聖以薩大教堂，與沙皇尼古拉一世的騎馬雕像，照映在黃昏的天空。

曾經參與十月革命的奧羅拉巡洋艦，如今停泊在當年發射信號彈的地方。

軍、尋找出海口的動力所在。

海軍總部旁邊是冬宮，也就是隱士盧博物館。海神柱對面，就是彼得保羅要塞，扼守住聶瓦河通往芬蘭灣的咽喉。

遊船再往前走，看到一艘漆成灰色的軍艦，停泊在海軍學院的河邊，奧羅拉巡洋艦（Cruiser Aurora），據說曾經參加過日俄戰爭，後來在一九一七年十月二十五日晚上九點多鐘，發射一枚空砲彈，通知布爾雪維克黨人（紅軍）突襲進攻臨時政府所在地冬宮，從白軍取得了政權，由此建立共產黨政權。列寧將國都遷回莫斯科，聖彼得堡的沙皇時代也跟著結束了。

從聶瓦河上看聖彼得堡的歷史建築，好像在看沙皇時代的歷史。這些沙皇與俄羅斯貴族，曾經運用各種資源，建設了美侖美奐的宮殿、官邸，使聖彼得堡呈現一片繁榮景象。曾幾何時，沙皇的權力結束了，新的執政者繼之而起，八十年後又被下一代人

A

B

A. 遊船穿越橋洞的情景，好像在威尼斯穿越嘆息橋。

B. 夕陽餘暉照耀在聖彼得堡的華麗建築上。

民推翻。誰能預先看見權力盛衰之微兆？

水能載舟，也能覆舟

彼得大帝的銅像，聳立在「十二月黨人廣場」的中央。這種安排是多麼的奇妙？十二月黨人反對沙皇統治，一再革命，最後尼古拉二世被迫宣布退位，結束羅曼諾夫王朝的沙皇統治。彼得大帝的銅像設在十二月黨人廣場，是否象徵人民像水一樣，「水能載舟，也能覆舟」？

二〇〇三年時，聖彼得堡慶祝建城三百週年，建立了和平紀念碑，以各國文字在紀念碑上寫出「世界和平」。二〇〇六年七月十五至十七日，八國高峰會議在聖彼得堡舉行，再度使聖彼得堡成為世界的焦點。世人在透過電視轉播觀看八國高峰會前的盛大表演時，也在關切俄羅斯能否再度散發出聖彼得堡時代的榮耀？

A. 斜陽照耀下的不知名宮殿，象徵聖彼得堡的明天依舊是閃亮的。

B. 聶瓦河邊的「滴血教堂」（基督復活大教堂），是兩位沙皇遇難的地方。

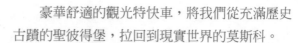

十八、回到莫斯科的現實世界

　　豪華舒適的觀光特快車，將我們從充滿歷史古蹟的聖彼得堡，拉回到現實世界的莫斯科。

　　六月十九日晚上十一點四十分，一列有豪華臥舖的紅色觀光列車，緩緩開出聖彼得堡的莫斯科車站，向莫斯科疾駛而去。

豪華列車象徵進步

　　我們擁有兩人一間的臥舖房間，紅絨布作成的臥舖，可坐可睡。房間內有最新的液晶電視機，掛在窗台上，可以收看許多節目。餐桌上有飲料、礦泉水、麵包、刀叉、餐巾，足供我們在第二天早上用餐。房間門是用感應卡刷卡開啓，房間設備豪華舒適的程度，絕非三天前從莫斯科搭慢車像逃難一樣來到聖彼得堡的情況所能比擬。

美麗溫柔的俄羅斯飛快車小姐，與領隊黃文宏在偶然的時空交會，記得也好，最好能忘掉。（黃文宏提供）

豪華的觀光列車，將我們帶回莫斯科的現實世界。（黃文宏拍攝提供）

我們這一節的車廂長，是一位漂亮的俄羅斯女郎，晚上睡在車廂長室，看見我們經過她的房間，還會點頭微笑，讓我們覺得很愉快。原來俄羅斯也有這樣進步的觀光列車、和美麗的「飛快車小姐」，看來有一部分的俄羅斯已經脫離過去的時代作風了。

觀光火車每天晚上來往於莫斯科與聖彼得堡之間，如果我們來回兩趟都搭觀光火車的話，心情一定很愉快，也不會發生趕不上飛機、最後落得像逃難一樣地擠在慢車裡，忍耐了十二個鐘頭才到達聖彼得堡的事。不過，話說回來，如果沒有這次意外的比較，又怎能體會出觀光火車的舒適與可貴？

六月二十日上午八點五十分，觀光火車準時抵達莫斯科，美麗的車廂長站在車廂旁，微笑目送著我們離開，真是溫馨感人的一刻。同時，莫斯科的導遊吳逸凡，也等在月台上了，讓我們好像看到親人來迎接一樣的親切。

莫斯科滿城風絮

莫斯科氣溫還是很高，晚上是舒適的攝氏二十度，早上車外溫度已升到二十三度，中午可能

莫斯科街頭的白樺林，伸手迎接美好的夏天。

以，逸凡帶我們先去看她所就讀的莫斯科大學。

莫斯科大學在近代中國歷史上是很有名的，民國初年，有很多學生前往莫斯科大學留學，對近代中國的政治與社會產生很大的影響。近年來，除了來自大陸的留學生外，台灣一些俄語系的學生，也會到莫斯科大學繼續深造。

莫斯科大學創辦於一七五五年

莫斯科大學建築在麻雀山上（以前稱為列寧山），主樓是史達林時代建造的七大建築景觀之一，二〇〇五年是莫斯科大學兩百五十週年校慶，一棟宏偉的紀念圖書館，就蓋在大學主樓的正對面約兩百公尺的地方。

從麻雀山上的觀景台，向四面八方可以看到史達林時代的七大景觀建築，包括莫斯科大學主樓、烏克蘭飯店、外交部、交通部、列寧格勒酒店、藝術家公寓、科學大樓。

外國人在莫斯科大學的學費也不便宜，從一年四千美元到

高達三十度，簡直和在台北一樣的熱。不過，莫斯科夏天最熱也是三十度左右。

莫斯科街上依然飄著陣陣的棉絮，不知是否來自白楊樹？每年五、六月，白楊花開後，到處飛散著棉絮，讓人吸得滿鼻子的白毛，初到莫斯科幾天，還真不習慣。在聖彼得堡時，沒有這個困擾，現在回到莫斯科，又發現滿城風絮了。

我們本來預定去看紅場的，由於時間還早，又說是紅場有狀況，現在還在交通管制之中，所

八千美元不等，住宿舍和生活費每月還要五百美元，所以，準備到莫斯科留學的學生，先要打聽學雜費行情。

　　我們走進莫斯科大學的校園內，發現三位俄羅斯小孩脫光上衣在太陽下玩耍，樣子很可愛。我們徵求在一旁照顧孩子的媽媽同意，迅速地拍了一張照片。後面接著來到的觀光客也準備拍下這個鏡頭。孩子們覺得不好意思，很快就把衣服穿起來了，躲到媽媽的身後去。

　　莫斯科大學沒有圍牆，遊覽車可以開到學校裡面。我們在一排蘋果樹下散步，重溫大學時代的悠閒與瀟灑。可是，參觀時間很緊迫，我們不得不走上車，繼續到別的地方去參觀。

莫斯科大學的主樓，是史達林時代的七大景觀建築之一。

蘇聯時代的神話電影

車子經過莫斯科製片廠，逸凡簡單介紹了蘇聯時期的電影。中國大陸過去有許多孩子是看蘇聯電影長大的。

根據大陸學者賀紅英的研究（〈神話思維演變中的蘇聯電影〉，李毓榛等編著，《俄羅斯：解體後的求索》，頁二八七），蘇聯電影最大的特色，是偏離商業化的原則，追求理想化和意識形態，大部分是歷史片，和美國好萊塢電影以商業娛樂為目的的情況大為不同。

所以，蘇聯電影致力於塑造英雄，例如，《夏伯陽》，

在莫斯科大學校園陽光下嬉戲的小孩，是俄羅斯未來的希望。

一九一七年革命初期紅軍將領夏伯陽，被塑造為典範，鼓勵人們去學習意識形態的傳奇英雄。或許這也是西方傳記或歷史影片的目標，但是，東西方電影的表現手法不一樣，有直接與間接、說教與自行體會的差別。西方電影公司拍攝的《齊瓦哥醫生》，同樣是描寫一九一七年革命初期白軍與紅軍內戰的電影，卻讓人對詩人醫生的愛情與不幸遭遇感動不已。在蘇聯後期的文學著作與電影作品，已經對蘇聯的神話產生幻滅與覺醒了。

文學作品批判影響決策

蘇聯晚期的文學家與藝術家，對當時社會的的批判，想必影響了當政者的決策。戈巴契夫毅然放棄東西對立的意識形態，開始進行蘇聯內部的政治改革開放，卻由於經濟開放沒有同步達成目標，導致經濟衰退，共產解體。戈巴契夫為了俄羅斯的民主改革，犧牲了自己的權位。

蘇聯時代畢竟已經過去了，在第二次世界大戰紀念廣場上，

聳立著一座刺刀利劍形式的紀念碑，附近街道上還有一座凱旋門，這些都是歷史的遺跡。史達林時代的七大景觀建築之一──烏克蘭飯店，已經賣給外國人經營。俄羅斯現任總統普亭，和葉爾欽等人都住在郊區，和人民一樣，都在解體後的新世界裡找出路。

A

B

A. 從莫斯科大學的山頂觀看，莫斯科河蜿蜒繞過市區。

B. 第二次世界大戰紀念碑，像一把復仇的劍，筆直的插入天空，令人難忘。

十九、紅場上的遊蕩

紅場，是克里姆林宮城牆外面的廣場，蘇聯時代以節慶閱兵聞名，現在則是遊客聚集，觀賞歷史建築與百貨公司林立的地方。我們回到莫斯科後，曾經兩次前往紅場，去看地下鐵車站、紅場上的百貨公司、以及克里姆林宮。

莫斯科地鐵站是藝術宮殿

莫斯科的地下鐵車站，像地下藝術宮殿，很久以來就已「天下聞名」，導遊特地帶我們去看紅場附近的革命廣場地下鐵車站。

莫斯科有十一條地鐵路線，兩百六十個地鐵站，交通尖峰時間每小時可以運輸八百萬人次。

我們買票進入地鐵站，有一個中年婦人在入口處看管，如果有人想要不買票偷進去，立刻會被制止。據說乘客只要買一張票，不論多遠，價錢都一樣，可以一票到底。

地鐵站有三層，不同的路線停靠不同的層次，但是，整座地鐵站的藝術裝飾主題是一樣的，

聖巴希索大教堂（左），與克里姆林宮的城門塔樓（右），遙遙相對，是否象徵俄羅斯的政教分離？

A. 克里姆林宮附近的地下鐵車站，有壁畫，有雕塑，是具有特色的藝術宮殿。（黃文宏攝影提供）

B. 紅場附近的莫斯科歷史博物館，是一棟顯眼的紅色建築，不知是否象徵紅色世界已成歷史？

例如，紅場附近的地鐵站，是
以雕塑方式，表現農工大眾的
貢獻爲主題，所以雕塑了工
人、農人、家禽等形象，讓人
覺得有粗礦的美感。有些地鐵
站則以繪畫來表現藝術與生活
的主題。

　地鐵的班次相當密集，我
們參觀約半個鐘頭，捷運列車
一班接一班的經過，人潮不斷
進進出出，他們全都以快速的
腳步移動，只有我們這些觀光
客，悠閒地在看月台兩旁的雕

塑，和洶湧的人潮。

觀光客在紅場閒逛

　下午四點多鐘，陽光已經
偏斜，黃昏的微風輕輕地吹
送。我們從地鐵站出來，走過
紅場，在紅場附近遊蕩。

　紅場附近，有老舊的莫斯
科大飯店，當年是紅場貴客開
會投宿的高級場所，現在已經
破落到非大力整修不可的地
步。

古姆百貨大樓，坐落於紅場邊，是莫斯科著名的購物中心。

瓦西里斜坡，通向莫斯科大橋，也在紅場附近，一九八〇年代，一位德國青年馬提亞‧羅斯特（Matthias Rust），竟然駕著一架小飛機，躲過蘇聯雷達的偵測，神不知、鬼不覺地降落在莫斯科大橋。這對管制嚴密的蘇聯，是何等地難堪，全世界都為這位青年的命運祈禱。然而，蘇聯卻僅將他短期拘禁，察明真相後，就將他用商用民航班機遣送回國。或許是他發現了蘇聯防空的大漏洞，替蘇聯的防衛體系建立了大功呢。

我們對紅場旁邊的GUM國營百貨公司比較有興趣。在這棟占地好幾條街的大百貨公司裡，商品應有盡有。

我們在地下樓層，看到玉石、瑪瑙等女生佩飾藝品，非常美觀，價格也很實在。在一樓的牆邊，擺滿了各式各樣的俄羅斯套娃，作工頗精緻。有些套娃裡面，裝的是俄羅斯的特產伏特加酒，我們立刻買了

古姆百貨大樓建築華麗，商品充足，舶來品與本地產品並列，令人忍不住想要血拼。

兩瓶，要回去品嘗。

逛百貨公司，需要走很多路，也是一種很好的運動方式，只要不隨便亂買，其實也不會勞民傷財。我們看見很多觀光客在閒逛，其實莫斯科人也很喜歡逛百貨公司，看新鮮貨。

人來人往，日出日落

站在紅場上，看人來人往，看太陽從紅場的寺院頂上滑落，也是難得的悠閒。在我們趕去莫斯科郊外的滑雪聖地維蘭度假旅館的路途上，一路追逐著夕陽。我們終於在一處空曠的郊外，拍攝到莫斯科的落日景象。

日出日落，原是大自然的常態，但在不同的地方、不同的心情，也會有不同的感受。昨天黃昏，還在聖彼得堡的聶瓦河乘坐遊船看夕陽西下，今

天我們已在莫斯科的郊外追逐夕陽，明天呢，我們將會在哪裡？

A.維倫度假村也是俄羅斯總統普亭常去的地方。

B.維倫度假村的黃昏，夕陽西下，落日餘暉照映出美麗的晚霞。

C.全民經濟展覽館前雄偉的大門，依然顯現出俄羅斯人的雄心壯志。

十、我們進入克里姆林宮

六月二十一日，俄羅斯之旅的第八天，我們終於進入克里姆林宮。

一大早，我們從莫斯科郊外的度假旅館趕回莫斯科，準備先去經濟展覽館參觀。一通電話打來，導遊和領隊都大爲緊張，原來我們今晚要投宿的科斯莫大飯店（Cosmos Hotel）超額賣出，旅館大爆滿，搞不好今晚就沒地方睡了。

領隊黃文宏一聽到這個消息，和台中青春旅行社的領隊童淑華商量後，立刻要求將遊覽車開往科斯莫大飯店。

旅館房間要爭取

我們都留在車上等候消息，吳逸凡帶著黃文宏、童淑華到旅館櫃檯去交涉。大約半小時後，吳逸凡和黃文宏回來了，告訴我們，爭取到七間大小房間，童淑華留在旅館裡繼續爭取，我們則繼續今天的行程，距離晚上回來睡覺還有十幾個鐘頭。

出外旅行，發生狀況，是難免的事，只要處理得宜，反而是一種難得的經驗。我們在亞維農跟隨當地遊覽團去普羅旺斯旅行時，也曾發生聽錯集合地點而被放鴿子的狀況，幸好我們跑去旅客服務中心，要求她們幫忙打電話找遊覽車的導遊，導遊小姐才跑步過來帶我們去會合。所以，我們對於這種旅館爆滿的事，並不介意，領隊已經在積極處理了，最多是幾個人擠一間罷了，比起坐慢車去聖彼得堡的那個晚上，情況要好多了。

俄羅斯經濟進步了

我們繼續踏上行程，前往科斯莫飯店對面的經濟展覽館參觀。這個地方我們在第一天到莫斯科，投宿在科斯莫大飯店時，就已經從房間的玻璃窗看到了，只是當時不知那是什麼地方，竟有高大的建築和寬廣的庭園，原來是展示俄羅斯各種特產的地方。

名稱是經濟展覽館，其實是販賣各種產品的商店集中地，每一家商店占有一、兩坪店面，從瑪瑙寶石、傳統衣飾、西伯利亞皮草、到最新的電子產品，應有盡有，顯示俄羅斯在一九九一年十二月結束共產體制後，經濟發展的成果。看起來，民生用品已經大量生產，電腦科技產品也已趕上時代，重工業科技產品更不用說了，展覽館祇是沒有賣飛機

黃色的梯型建築，是普亭總統的辦公大樓，戒備森嚴。

有許多個金色洋蔥圓頂的聖母領報大教堂（圖右），是克里姆林宮內三座古老的教堂之一，沙皇可以從皇宮二樓直達教堂的入口。

坦克而已。

獲准進入克里姆林宮

下午，我們再去參觀克里姆林宮。昨天我們只是在紅場上閒逛，因為時間晚了，普亭要下班了，或者說有交通管制，我們不能進去，所以再安排今天接見我們。

我不是說，普亭今天要接見我們，而是說，克里姆林宮今天要接見我們。從耶穌復活門進去，是訪問者前往克里姆林宮必經之路。

過了復活門，走過一道橋，在旋轉門之後，必須接受嚴格的安全檢查。我們都輕鬆地過關，當然是獲准進入克里姆林宮了。

進入克里姆林宮，等於是進入俄羅斯的總統府，普亭總統在裡面辦公，我們看見他的辦公大樓樓上飄揚著俄羅斯國旗。辦公室的玻璃窗邊，我看見有一個人在向我們揮手，呃…看錯了，是在向貴賓揮手說拜拜，普亭在忙

著接見外賓。

我們被告誡不可以走在馬路上，只能走在人行道上，一走過馬路，就會被盤查。

大砲對準總統府

人行道上擺著一尊特別大的大砲，砲口竟然對準普亭的辦公大樓。這在東方人的觀念裡是很奇怪的事，在俄羅斯卻沒有關係。據說這尊大砲是彼得大帝的兒子製造的，當年不知是要用來打誰的，可惜沒有發過一發砲彈，三、四個鐵蛋就擺在巨砲前面。

因為沒有事先安排，所以普亭總統沒有接見我們。想當年，蔣經國留學莫斯科，就曾經在克里姆林宮見過史達林，史達林不同意送他回國，還把他送到烏拉山區去作工，這才認識了方良女士，找到了「真命妻子」。

我們不想亂闖，也不想去西伯利亞，所以，既然已經進入克里姆林宮，看過傳說中的禁地，也就滿足了。一九九一年以前，這裡是觀光客的禁地，誰能想像，十年後我們竟然可以進來參觀？真的是「十年河東、十年河西」呢。

普亭坐著轎車離開，要回家了。我們也跟著離開克里姆林宮，要去看俄羅斯的馬戲。

克里姆林宮內的一座巨砲，對準辦公大樓，提醒當政者注意反對的民意。

二十一、芭蕾舞與馬戲團

芭蕾舞與馬戲團，是俄羅斯文化的兩大特色，我們在聖彼得堡錯過了觀賞芭蕾舞的機會，卻在返回莫斯科的觀光豪華火車電視節目中，看到了柴可夫斯基的天鵝湖芭蕾舞。今晚我們又去莫斯科的體育館、觀賞了老幼咸宜的莫斯科馬戲表演。

芭蕾舞與馬戲，是兩種截然不同的表演藝術，一種是優雅動人、將音樂、舞蹈、和戲劇融合在一起的精緻舞台藝術；另一種是熱鬧、驚險、逗趣的大眾藝術，是童年的共同回憶。俄羅斯把這兩項文化活動發揮到極點，經常在世界各地巡迴表演。

火車上看見《天鵝湖》？

柴可夫斯基是芭蕾舞音樂的代表人。《天鵝湖》、《胡桃鉗》、《睡美人》都是他的傑作。

《天鵝湖》是說蘭妮公主和侍女被巫師變成一群天鵝，在湖邊嬉戲，晚上才恢復人形，遇到齊格夫王子，公主述說原由，天亮時又變回天鵝。王子非常喜歡公主，決心殺死巫師，解救公主。但是，巫師一死，就沒有人可以將公主變回人形了。公主不能與王子成親，非常傷心，跳崖而死，王子跟著殉情。他們為愛犧牲，解救了一群宮女，恢復了人形，也感動老天，將魔咒解除，救了王子和公主，從此他們都過著快樂幸福的日子，還生下一群「小天鵝」。

舞台上天鵝翩翩起舞，動人的音樂隨著天鵝

公主與王子的天鵝之舞。（黃文宏攝影提供）

的步伐展開，公主與王子用芭蕾舞表達情意，巫師用雷聲閃電施展魔法，王子與巫師決鬥，最後天亮了，王子和公主從湖底的龍宮游出來，全場為之動容，感謝老天。

我們曾經在維也納市政廳前的夏日電影活動中，看過不一樣的《天鵝湖》。每年七八月間，維也納市政廳前掛起電影銀幕，天一黑，就開始放映音樂電影片。我們看到的是可怕的雄天鵝，纏住王子不放，最後同歸於

盡。這不知是哪一國出產的電影，本來是可愛的公主天鵝，竟然變成凶惡的雄天鵝，讓我們連作好幾天的惡夢。

這一次在觀光火車上夢見天鵝，當然是可愛的天鵝啦。其實，阿莉小時候也跳過芭蕾舞《天鵝湖》，還用最優雅的舞姿向大家鞠躬謝幕。長大後，我們也一起在國外看過《天鵝湖》的表演，卻無法在聖彼得堡看一場俄羅斯的《天鵝湖》。不過，我們是在觀光火車上看到了《天鵝

湖》，咦…或許是在睡夢中吧？如論如何，一覺醒來，好像夜來的天鵝，已經變成公主了。

俄羅斯馬戲團世界聞名

看過了《天鵝湖》的王子與公主，到了晚上則變成馬戲團。我們坐在莫斯科體育館內，看獅子老虎跳火圈，看北極熊在場內繞圈子追逐著跑，看一群狗與猴子在耍猴戲，小丑們正在賣力的逗觀眾哈哈大笑，俊男美女在高空中表演空中飛人，大家都為他們捏一把冷汗。一不小心，空中飛人竟從高空筆直落下，掉在網子上，讓大家驚叫連連，原來是故意失手的表演。

小時候，我們也看過馬戲團到大城小鎮來表演，他們都選在過年期間演出，小孩子歡天喜地花壓歲錢去看馬戲，這種情景，已經成為難忘的回憶。俄羅斯在一九五六年起，開放馬戲團和芭蕾舞團到世界各地去表演，風靡全世界。近年來俄羅斯馬戲團也到過台灣演出，相信許多喜歡看馬戲的老老少少，都有共同的回憶。

馬戲團已經成為孩子們成長過程中的一部分。美國拉斯維加斯有一個馬戲團旅館，孩子們可

馬戲團團員上場亮相，為即將開始的表演暖場。

以在度假期間，隨時去看馬戲。
這對他們小小的心靈來說，是多
麼難忘的一件事。

　　莫斯科的馬戲團，每天固定
在一個體育館內表演，和拉斯維
加斯的馬戲團旅館一樣，歡迎男
女老少隨時去觀賞。我們既然是
天地過客，在短暫與偶然的機會
中，重溫兒時舊夢，當然也替自
己留下一場美好的回憶了。

　　莫斯科，今晚眞難忘，我們
還要回去感受旅館房間不足的
「樂趣」。

表演馬戲的體育館外，有許多遊樂設施，吸
引孩子們的興趣。

二十二、平安夜，平安離開莫斯科

晚上十點鐘，我們回到科斯莫飯店，留在旅館一整天交涉房間的童淑華，拿來一堆房間門卡，交給領隊黃文宏。

我們從地下一樓進入旅館，黃文宏宣布房間門號，我們和高雄的月華、林太太，首先獲得升級進駐四人套房。拿了門卡，我們先離開，他們繼續去分配房間，他們已經盡力去爭取，多了一個房間，八個大房間給二十二個人分配，這是一門藝術。反正我們已經經歷過搭慢車到聖彼得堡的考驗，現在有房間可以睡，還可以升級住大套房，已經是很好的了。

女服務員幫忙舖被單

四人大套房，有一張正規的大床，我們就睡沙發床了。領隊黃文宏很快就來查看狀況，發現沙發床沒有枕頭被單，立刻通知門房送來。

不一會兒，兩位女服務員送來枕頭被單，還把床舖得好好的。我們心存感謝，就塞給她們兩塊美金的小費（一美元等於二十五盧布、新台幣三十二元左右），她們高興得一再道謝，走出房門時，還一再彎腰道謝，祝我們一夜平安。

當然，我們已經在莫斯科跑了一整天，看了許多場面，人也累了，一倒頭就睡著了，一夜無夢。

第二天早上醒來，月華和林太太早已起床出去拍照了。我們還算是早起的鳥兒，要去餐廳找「蟲」吃。原來還有比我們早起的鳥兒，童淑華

等許多人已經在餐廳大快朵頤了。問起昨晚睡得好不好，她們說，七個親友睡一個特大的套房，有說有笑，好不熱鬧。

親友同房聊天話當年

我猜，大概像年輕時候，幾個親朋好友擠在一個房間聊天、吃零食的情景，現在搬到莫斯科來了。如果沒有這場「超賣房間」的插曲，大家怎能重溫當年的團聚舊夢呢？

出外旅行，放鬆心情最重要，我們多年來在外旅行，已經遭遇過各種狀況，在普羅旺斯山中差點被放鴿子，在亞維農吃壞肚子卻找不到廁所，在佛羅倫斯遇到兩個小女生要拉我去扒皮，在因特拉肯公園裡老婆不肯走，在琉森火車站趕不上火車、我們去向一位正在與妻女話別的帥哥問路，在北海道洞爺湖被正在冒煙的有珠火山燻得滿臉火山灰，

外交部大樓，是史達林時期的七大景觀建築之一。

阿爾巴特街的果菜
攤，反映出莫斯科
食物供應已經很充
裕。

種種狀況都見過了，只要設法解決問題，這些狀況都會成為日後美好的回憶。

用過早餐，本來預定九點鐘要出門去看卡洛緬斯可也大莊園，誰知遊覽車太多了，車子擠不進來，行李無法裝車，大家也無法上車，停車場管理員要我們的遊覽車趕快開走，吳逸凡向他拍車子大聲抗議，沒路可走要我們開去哪裡？鬧轟轟地搞到十點鐘，才終於離開科斯莫飯店。

大家害怕趕不上飛機

今天是我們要搭機回家的日子，大家心裡都有些提心吊膽，從大家的情緒中可以看出來。有些人平常都會要求去大百貨公司、大商場採購一些紀念品帶回家，送給親朋好友。這回不太一樣，在參觀莫斯科郊外的莊園時，大家沒有很興奮。在巴爾巴特街參觀路邊攤時，好像大家只是走馬看花。等到導遊說，還有一點時間，要帶大家到國際機場附近的大商場購物時，大家竟然異口同聲地說不要，要趕快去機

阿爾巴特街人潮洶湧，其中大多數是觀光客。

阿爾巴特街的工藝品店窗台，展示精美的俄羅斯娃娃。

場，以免搭不上飛機。大概大家都被莫斯科的嚴重堵車嚇到了。

其實，卡洛緬斯可也莊園，是莫斯科郊外一個很好的歷史名園，有十六世紀興建的耶穌升天大教堂，有從別處移來的彼得大帝住過的小木屋，有古代俄羅斯人興建的城樓大門等古蹟，空氣清新，令人心曠神怡。

再見，莫斯科，下次再來

阿爾巴特街在俄羅斯外交部大樓附近，整條街都是商店、小販，賣著各式各樣的商品。如果有時間、有心情，慢慢逛起來也很有意思。可惜大家惦記著要趕飛機，只是走馬看花地走一趟。

在莫斯科國際機場，我們等了兩三個鐘頭，因為我們早來了。等呀，等呀，最後終於輪到我們去辦登機手續了，我們向導遊吳逸凡說再見，向莫斯科再見。

下次還會再來嗎？隨緣吧。

金色仙女的雕像，守護著阿爾巴特街。

A

B

A. 教堂內的神祇，保佑教徒，也保佑來俄羅斯觀光的旅客，平安回家。（黃文宏攝影提供）

B. 街頭畫家正在為美麗的觀光客留下倩影。（黃文宏攝影提供）

二十三、齊瓦哥醫生──詩人與神話的故事

　　從莫斯科飛往香港的班機上，我閉眼沉思，回想十天來我所看到的俄羅斯，在莫斯科擁擠的車潮裡，他們是否正在努力追求新生活，還是在逃避時代轉變的新問題，一時使我迷惘。我不禁想起俄國作家巴斯特納克（Boris Pasternak）筆下的齊瓦哥醫生（Doctor Zhivago），駕著雪橇，飛馳在烏拉山區逃避新蘇聯帶來的戰爭苦難。

　　巴斯特納克是史大林時代的三大詩人之一，在史達林嚴厲統治的末期，他開始秘密創作長篇小說《齊瓦哥醫生》，藉著齊瓦哥醫生的良心，說出一九一七年十月革命以來的戰亂與不幸，多少俄羅斯人在共產黨革命中家庭破碎、財產充公、甚至喪失寶貴的生命。

巴斯特納克的名著《齊瓦哥醫生》，改編成電影，感動了許多人。

俄羅斯的春天，大地開滿了
野花，為人們帶來希望。
（黃文宏攝影提供）

齊瓦哥醫生也是詩人

　　齊瓦哥醫生也是一個詩人，
他從小與被遺棄的母親相依為
命，父親是有錢人，卻被狡猾的
律師騙走財產，還被逼自殺。齊
瓦哥年幼喪母，被父母親的貴族
好友收養，在莫斯科學醫，完成
大學教育，最後娶了恩人的女兒
朵妮亞為妻。

　　一九一〇年代，莫斯科已經
處於推翻沙皇的革命浪潮中，許
多熱血的青年，像故事中的史加
尼可夫，和工農階級結合起來，
以和平的方式遊行示威，卻被沙
皇的軍隊以武力鎮壓，發生流血

事件，導致民心更加不滿，最後
在一九一七年發生二月革命，推
翻沙皇，臨時政府執政七個月，
在十月底被列寧領導的布爾雪維
克黨人推翻，共產黨在內戰中取
得勝利，建立了蘇聯政權。

　　齊瓦哥醫生在沙皇尼古拉二
世對德宣戰後，被徵召到前線
行醫，治療傷兵，與護士拉麗莎
（史加尼可夫的妻子）認識，但
兩人並未陷入戀情。

無產階級瓜分他的住家

　　當參戰的俄軍掉轉槍口，反
過頭來攻擊沙皇，在列寧的領導
下控制了莫斯科，齊瓦哥醫生也

結束任務回到莫斯科，他的家卻被充公了，許多無產階級的人占住了他的家，他失去了個人的自由和隱私。齊瓦哥醫生只好帶著家人，搭乘西伯利亞火車，擠在擁擠不堪的車廂中，前往烏拉山區的瓦里基諾避難。

然而，西伯利亞鐵路沿線已經陷入內戰，齊瓦哥醫生在火車停車休息時，擅自闖入森林中，被帶領一支紅軍到處燒村攻擊白軍的史加尼可夫逮捕。齊瓦哥醫生曾經在莫斯科見過史加尼可夫和拉麗莎，兩人談起拉麗莎，史加尼可夫告訴他說，拉麗莎住在瓦里基諾附近的玉里亭。齊瓦哥

醫生說，他曾在戰爭前線和拉麗莎護士共事。因此，史加尼可夫釋放齊瓦哥，沒有把他當作間諜處理。

齊瓦哥醫生來到瓦里基諾，房子已經被人民政府查封，只能住在附近的倉庫，小心過日子。

遍地野花動人心弦

春天來到了，遍地開滿了野花，激起詩人的遊興。雖然朵妮亞懷孕將生產，她還是鼓勵齊瓦哥到玉里亭走走，透透氣。齊瓦哥在玉里亭見到了拉麗莎，兩人立即陷入感情的漩渦，不可自拔。

集中營的日子已經遠去，人們現在已經呼吸到自由的空氣。

有一天，齊瓦哥照樣前往玉里亭去見拉麗莎，在回家的路途中，被紅軍游擊隊俘虜去當軍醫。朵妮亞和拉麗莎都不知道齊瓦哥發生了什麼事，人究竟在哪裡？

齊瓦哥被迫跟著紅軍走過許多地方，最後，他在一場戰爭中，趁亂脫逃，走回瓦里基諾。朵妮亞和兒子沙夏已經不知去向，齊瓦哥卻在玉里亭找到了拉麗莎。原來，拉麗莎的住家被紅軍監視著，隨時準備逮捕前來探望妻子的史加尼可夫，齊瓦哥醫生的一舉一動也都被監視了。

這時，朋友輾轉送來幾個月前從莫斯科寄出的一封信，是朵妮亞寫的。朵妮亞在信中說，她們全家被驅逐出境，可惜齊瓦哥不能同行，她已經生了一個女兒，希望齊瓦哥醫生能辦個護照一起出國。

齊瓦哥醫生熱愛祖國俄羅斯，雖然他不滿意當時的政治社會狀況，他也寧願留在俄羅斯。

妻子情人都已遠離

有一天，突然闖進一個人，竟然是曾經欺騙齊瓦哥父親的那個敗德律師科馬羅夫斯基。他是來找拉麗莎的，當年他曾經在莫斯科誘姦了十六歲的拉麗莎，拉麗莎曾經開槍射傷他，齊瓦哥曾經去治療過他的槍傷。

科馬羅夫斯基要來帶走拉麗莎，藉口說是史加尼可夫已經被捕自殺了，拉麗莎也是被監視著的嫌疑犯，不走就有危險。科馬羅夫斯基已被任命為遠東共和國的司法部長，他願意帶拉麗莎和齊瓦哥一起去遠東避難。

他知道，如果齊瓦哥不一起去，拉麗莎就不會走。齊瓦哥為了救拉麗莎脫離險境，假裝答應和她一起走，只是雪橇容納不下那麼多人，他將騎馬自己去車站會合。

火車開了，齊瓦哥沒有來。拉麗莎肚子裡懷著齊瓦哥的骨肉，和科馬羅夫斯基離開了玉里亭。齊瓦哥也輾轉回到莫斯科，

詩人在新社會中找不到工作，只好幫人家擦洗地板，艱困過日子。

詩人心碎，遠離凡塵

齊瓦哥的身體愈來愈壞，心臟病已經很嚴重了，沒有多久，竟然病發死在莫斯科街頭，當時他是要趕去看一個長得很像拉麗莎的路人。

拉麗莎在齊瓦哥的葬禮中出現了，見到了齊瓦哥的同父異母哥哥─當警察的歐格拉夫，請他幫忙找在遠東失蹤的女兒，也就是齊瓦哥與拉麗莎的骨肉。後來拉麗莎被捕，死在一個集中營裡，這在蘇聯統治時期，牽連被捕關到集中營，是常有的事。

歐格拉夫運用他的關係，在外蒙古地方找到了齊瓦哥的非婚生女兒，原來她是在遠東地區被科馬羅夫斯基趁亂故意遺棄的。在動亂中孤獨長大的孩子，知道如何保護自己，但不知道前途在哪裡。

齊瓦哥的世界已經消失

這就是巴斯特納克所描述的新時代。史達林去世後，赫魯雪夫上台，決定貶低史達林的地位，有限度開放批評史達林時代的文學作品。巴斯特納克的《齊瓦哥醫生》被偷運到義大利出版，引起蘇共的抗議。雖然巴斯特納克獲得一九五八年的諾貝爾文學獎，他也無法前往領獎，他的蘇聯作家協會會籍也被當局開除了。

一九六五年《齊瓦哥醫生》被美國的電影公司改編成電影，搬上銀幕。莫斯科的場景、烏拉山區的美景，以及動亂的西伯利亞平原，全世界的觀眾都看到了。

我們在十天的有限時間內，匆匆走過俄羅斯的許多地方，看到的是新俄羅斯的力爭上游，人們努力追求自我，在自己的崗位上尋夢。生活要靠自己去打拚，自己可以擁有打拚得來的報酬，即使買汽車擠在路上，週末假日要去別墅度假，必須忍受嚴重堵

車的痛苦，他們還是喜歡過這種
日子。

　　詩人是社會的良心，能夠洞
察人民的痛苦。我能體會齊瓦哥
在瓦里基諾看到大地開滿野花的
激動，也能體會大地烽火、人民
無奈地逃難的悲情。但是，詩人
必須要放棄悲情，向前看，期待
明天會更好。齊瓦哥必定是在期
待妻兒的歸來吧。

宮殿與寺院的背後，曾經發生過多少悲歡離合的故事？

二十四、索忍尼辛─史達林時代的一面鏡子

　　像巴斯特納克以《齊瓦哥醫生》來描述蘇聯初期的人間煉獄一樣，索忍尼辛（A. I. Solzhenitsyn）以寫實的小說，為史達林時代的艱苦人民寫歷史，留下一面反映人民真實生活情形的鏡子。

　　從列寧以來，到史達林時代，千百萬的俄羅斯人民，被當局以各種罪名逮捕，送入集中營，許多人因此喪失生命，索忍尼辛是集中營的倖存者。

批評史達林的下場

　　索忍尼辛在第二次世界大戰期間，擔任砲兵連連長，參加過列寧格勒（聖彼得堡）等重大戰

索忍尼辛以《古拉格群島》揭開一個時代的遭遇。

役，隨軍攻入德國，以戰功獲頒兩座勳章，晉升上尉。

一九四五年在東德卡立寧格勒作戰時，因爲批評史達林，被解送回莫斯科，關在魯冰卡監獄，未經審訊，即判監禁八年，關在西伯利亞拉格利集中營，後來以數學家的身分，改派到另一個收容所從事研究工作。最後三年則被送到哈薩克的煤礦地帶充當勞工。

這段痛苦的經驗，使他日後寫出了《集中營的一日》、《伊凡丹尼索維奇的一天》、《第一圈》（或譯《煉獄》）等小說。

一九五三年，八年刑期屆滿，他沒有被釋放，卻再度被判處流放，放逐到高加索綠楊村的中學去教書。這年，史達林去世，赫魯雪夫掌權，開始醞釀批判史達林，許多反映史達林時代黑暗面的文學作品開始在報章雜誌刊登出來。

不顧折磨繼續寫作

索忍尼辛在一九五五年獲得恢復名譽，但他卻因爲胃癌，

曾經冰凍苦寒的大地，已經回春，正在欣欣向榮。

索忍尼辛描寫的年代，天空一片黑雲籠罩，氣壓很低。

而被送到塔什干醫院治療。他在一九六七年完成的小說《癌症病房》，即是以塔什干醫院的癌症病房經驗，作為小說的藍本。

　　一九五六年的第二十屆蘇共大會，赫魯雪夫展開批判史達林，索忍尼辛因此得以免除流放，恢復名譽。他決定在羅斯托夫的中學教數學，課餘時間則埋頭寫作。這一年，他才三十九歲，從二十七歲被捕，已經在集中營和流放中，度過了十二年。

　　兩年後，他在羅斯托夫完成小說《煉獄》，但小說的原稿，卻在一九六五年遭到當局沒收，當時，赫魯雪夫已經失勢，布里茲涅夫上台後，加強管制。其實，蘇聯當局曾將這本小說秘密出版，提供俄共高級幹部閱讀。

　　《癌症病房》第一部在一九六六年出版，第二年再出版第二部，這本小說在蘇聯引起爭論，蘇聯當局不准舉行作品朗讀會，卻被外國出版社秘密出版各種譯本。索忍尼辛要求廢除書報審查制度，當局也不同意。接

著，蘇聯作家協會開除索忍尼辛的會籍，歐美作家協會則發表聲明，抗議蘇聯迫害索忍尼辛。

獲得諾貝爾文學獎

索忍尼辛開始秘密撰寫《古拉格群島》，將他所知道的許多被迫害的事件，有計畫的用小說方式寫出來。一九七〇年，索忍尼辛獲得諾貝爾文學獎，索忍尼辛上書請求蘇聯當局放寬檢查，允許他的著作出版。雖然蘇聯當局沒有回應，流亡法國的一家白俄YMCA出版社，卻於一九七三年在法國出版了他的《古拉格群島》第一卷俄文版。

《古拉格群島》出版後，索忍尼辛立即遭到蘇聯最高檢察署的傳訊，但是索忍尼辛拒絕應訊，遂被逮捕，於一九七四年二月以叛國罪名放逐到國外。次年，索忍尼辛在美國出版《小牛撞大樹》，回憶他從事寫作以來所遭遇到的種種事件。

蘇聯在一九九一年垮台後，索忍尼辛回到俄羅斯，繼續他的寫作生涯。他所爭取的出版自由，終於實現了。

蘇聯政府執政七十四年，對大多數的人民來說，俄羅斯成為人間煉獄，對於掌權的既得利益者，卻是快樂的天堂。如果看過電影《齊瓦哥醫生》，就可以了解俄羅斯大地曾經發生一場翻天覆地的大變動，每一個人都不能置身於事外。看過索忍尼辛的小說，更可以了解那個時代的人，是如何地過日子。

索忍尼辛和巴斯特納克都為受苦的人類留下歷史紀錄、和真實的一面鏡子。俄羅斯人正在為自己的前途打拚，過去被禁止的文學作品，成為俄羅斯人搶著閱讀的名著。他們不要再被悲情所困，他們想的是，今後如何過著好日子。

修道院在蘇聯時期也曾經遭到關閉。

二十五、戈巴契夫—開創一個新時代

莫斯科紅場的熱鬧情景，一直縈繞在我的心頭。如果我們在一九九一年能夠來紅場，是否會趕上一場驚天動地的巨變呢。

當年處在風暴中的戈巴契夫，已經完成了他的改革理念，成為一介平民。力挽狂瀾的葉爾欽，也已經退出政治舞台。俄羅斯人民今天享有的自由、民主、與和平，是戈巴契夫勇敢地告別過去，提出改革新思維而得來的。美蘇兩大集團放棄四十年的對立，帶給人類和平與希望，戈巴契夫也是貢獻良多。不知今天的俄羅斯人對戈巴契夫的評價，是褒，還是貶？

逐步攀升到蘇共總書記

成立七十四年的蘇聯，竟然在東歐共黨解體之後，於一九九一年底由蘇聯總統戈巴契夫宣布

戈巴契夫為俄羅斯帶來改革與新思維。

戈巴契夫放棄東西冷戰，使我們有觀光俄羅斯的機會。

結束，爲人類的和平與生存發展帶來新希望，這是何等的勇敢與大氣魄。

戈巴契夫從莫斯科大學法律系畢業後，在家鄉斯塔夫羅波爾（Stavropol）的共青團工作，逐步高升。他又在家鄉的大學研讀農業，然後成爲當地的農業主管。一九七七年因爲推廣農業收穫法成功，獲得「眞埋報」以頭版顯著地報導，引起當局的注意。一九七八年即成爲蘇共黨中央主管農業的書記，從此逐步晉升，到一九八五年三月出任總書記，大權在握。

戈巴契夫掌權一年，在蘇共第二十七次代表大會上，通過蘇共綱領新版本，採行改革路線，並從阿富汗撤軍，與中共改善關係，然後與美國等西方國家開始改善關係，透過談判達成裁軍限制核武的條約。

提出改革的新思維

他並在一九八七年應美國一家出版社的邀請，發表《改革與新思維》，主張「我們應當溝通思想，我們應當本著合作而不是敵對的精神來解決各種問題」。他並描述他的改革理念，鼓勵對話，追求和平。

在戈巴契夫的和解政策下，東歐共黨解體了，柏林圍牆拆除了，東德與西德在一九九〇年統一了。戈巴契夫與布希總統的

馬爾他會議，結束了東西方的冷戰。戈巴契夫也透過蘇共中央全會來宣布結束共黨的一黨專政，允許人民自由組黨，總統改由民選，各加盟共和國可以自由選舉，擁有土地、財產與政策決定權，國有企業可以與民間公司合營，承認私有財產。

這種種改革，使得蘇聯共黨不再專權，各加盟共和國紛紛要求獨立，蘇聯面臨瓦解的命運。戈巴契夫希望透過新憲法、和新協定來維繫中央與各地方共和國的關係。

政變加速蘇共滅亡

但是，在政治改革過程中，經濟生產嚴重衰退，物資供應嚴重發生問題，甚至可能過不了嚴寒的冬天。蘇聯過去是靠各加盟共和國和東歐國家供應糧食等民生物資，蘇聯提供安全保障。現在，經濟改革落後，生產衰退，物資供應不濟，人民得到自由與民主，生活卻面臨問題。

蘇聯共黨一些保守主義者，包括國安會（KGB）、國防部、內務部等，為了維護舊蘇聯的光榮，為了保持共黨的權益，先要求戈巴契夫讓權被拒後，終

戈巴契夫首先恢復私有財產制，讓民眾可以擁有自己的房屋。

於在一九九一年八月十九日凌晨四點，各共和國新協定簽署的前夕，趁著戈巴契夫在克里米亞度假，發動政變，將戈巴契夫軟禁，並由緊急委員會接管政權。

政變的消息傳出後，俄羅斯總統葉爾欽前往俄羅斯國會大廈，號召人民起來反對政變，並說服國會前的十部戰車保護人民，不要傷害人民。

政變的戰車封鎖紅場，想要驅散群眾，但是，數萬人民聚集在莫斯科紅場附近示威抗議，愈聚愈多，許多軍隊將領也拒絕服從緊急委員會的命令，列寧格勒（聖彼得堡）市長和地區司令官都反對政變。

戈巴契夫在政變的第三天，八月二十二日凌晨，從克里米亞回到莫斯科，掌控了情勢，撤換並逮捕了參加政變的內閣官員，和葉爾欽聯手弭平政變。

政變不得人心，加速了蘇共的滅亡。蘇聯人民已經獲得自由與民主，不願意再回到接受共黨高壓統治的時代。政變的失敗，正好成為蘇共的罪狀，使戈巴契夫正式辭去蘇共總書記的職務，

蘇聯的解體，是國內外許多學者研究的主題。

並讓蘇共自行解散。接著，各加盟共和國紛紛宣布共黨為非法，波羅的海三小國甚至逮捕共黨領袖，宣布獨立，而且獲得俄羅斯共和國的承認。蘇聯事實上已經解體，等待的是各共和國組成新獨立國協的完成。

親自宣布蘇聯結束

一九九一年十二月二十五日，西方的耶誕節之日，戈巴契夫在電視演說，宣布正式辭去蘇聯總統的職務，將核子武器的控制鈕交給葉爾欽，蘇聯從此走入歷史。俄羅斯共和國帶領獨立國

協走向民主自由的新時代，開創民主新時代的政治家戈巴契夫，從此成為一介平民，致力宣揚他的改革理念，協助俄羅斯完成改革的大業。

一個掌握蘇聯大權的人，竟然願意放棄蘇共的一黨專政特權，將自由民主與和平交給人民，如果不是有大勇氣、大智慧、大毅力的人，是不可能作出這種事的。

權力是如此的吸引人，決定權力歸屬的卻是人民。我不禁想起紅場上來來往往的俄羅斯人，他們是不是已經掌握了自己的命運？

A. 戈巴契夫推動的改革開放,現在
　已經開花結果,為俄羅斯播下繁
　榮發展的種子。

B. 俄羅斯的新旗幟在天空飄揚,這
　是一個充滿希望的新時代。

托爾斯泰晚年想去修道院隱居修性，不幸受寒在途中去世。

日赫夫伯爵的私生子，卻獲得繼承遺產。庫拉格公爵就將他的女兒愛蓮許配給比爾。雖然羅斯托夫伯爵的女兒娜塔夏也很喜歡比爾，卻一時無緣。

比爾婚後不久，愛蓮卻與比爾的朋友德魯霍夫私通，迫使比爾與德魯霍夫決鬥後，再與妻子分居。

在戰爭中，安德烈衝鋒陷陣，受了重傷，卻安然返家。妻子麗莎生下一子後，不幸去世，安德烈決定在家鄉終老。

一八○七年，亞歷山大一世與拿破崙簽約和解，但也只維持五年的和平。一八○九年春天，安德烈參加貴族會議，在羅斯托夫伯爵家中認識了年輕活潑的娜塔夏，兩人一見鍾情，論及婚嫁，羅斯托夫伯爵反對這樁婚事，婚期決定延後一年。在這一年間，娜塔夏被愛蓮的哥哥引誘，差點私奔，被比爾追回，娜塔夏與安德烈的婚事也就告吹

了。

一八一二年，拿破崙進攻俄羅斯，安德烈再度上戰場，在戰爭中受了重傷。俄軍節節敗退，莫斯科即將不保，羅斯托夫伯爵家中的馬車，也用來搬運傷兵，娜塔夏卻發現安德烈也在傷兵的行列中，娜塔夏無法挽回安德烈的生命。

比爾混在莫斯科的平民之中，準備暗殺拿破崙，不幸反被法軍逮捕。拿破崙進占莫斯科，莫斯科民眾放火燒城，讓拿破崙拿到一座空城。嚴寒的冬天困住了法軍，死傷甚多，無法長久占領，拿破崙決定撤退，俄軍沿路追擊，使拿破崙狼狽地退出俄國，戰爭也結束了。

獲釋回國的比爾，在莫斯科與娜塔夏相遇，兩位有情人終成眷屬。娜塔夏的哥哥尼克萊，也與安德烈的妹妹瑪麗亞結婚，從此都過著快樂幸福的生活。

拿破崙侵俄戰爭帶來改變

托爾斯泰筆下的有情人從此過著快樂的生活，但是，俄羅斯沙皇卻開始面臨十二月黨人的一連串起義活動。俄羅斯人已經受到法國大革命的影響，無法再回到以前對沙皇唯命是從的時代了。俄羅斯的農人，以前附屬於地主貴族，無法獲得自由，但現在也懂得開始追求自由了。亞歷山大二世雖然有意解放農奴，卻

教堂與砲管，象徵著俄羅斯歷史的戰爭與和平。

在一八八一年三月遭到革命黨人的暗殺。

亞歷山大三世採取強制的高壓統治，急速工業化的結果，造成工人階級大量增加。這些生活貧困的農人與工人，在列寧的號召與組織下，與主張君主立憲的革命黨人結合，成為推翻沙皇的力量。

俄羅斯最後一位沙皇尼古拉二世，對德宣戰，派往前線的軍隊掉轉槍口，攻回聖彼得堡，尼古拉二世宣布退位，臨時政府接管俄羅斯才八個月，就被列寧領導的社會民主黨取代了，從此俄羅斯進入蘇聯共產時代，也就是巴斯特納克與索忍尼辛描述的恐怖時代。

俄羅斯的戰爭與和平

第二次世界大戰期間，德軍攻占聖彼得堡九百天，一直到戰爭末期，才被俄軍逐退。戰後的蘇聯，成為東方共產陣營的領導者，控制了東歐等國家，派兵鎮壓了匈牙利、捷克等反抗活動，並派兵占領阿富汗等地，與美國領導的民主陣營冷戰四十年。

俄羅斯的戰爭與和平，關係著鄰近國家的命運。當戈巴契夫決定放棄冷戰，追求民主、市場經濟，與世界各國和平相處，人類才免於核子戰爭的威脅。戈巴契夫在一九九〇年獲得諾貝爾和平獎，這是世界對他的禮讚。

我們走過俄羅斯大地，看到的是青翠寧靜的草原。在莫斯科紅場，我們看到的是各國觀光客雲集的景象。蕭瑟恐怖的蘇聯時代，已經灰飛湮滅了。

戰爭為人類帶來痛苦與浩劫，戰爭紀念碑像一把劍，插在人類的心中，希望永遠不要再有戰爭。

二十七、俄羅斯印象─追尋、忍耐、希望

十天的俄羅斯之旅，對一般的觀光客而言，只是走馬看花，看到古老的教堂、歷史的建築、皇宮的精美文物、清新翠綠的鄉村、熱鬧擁擠的大都市、可以接受的食物、美麗的俄羅斯女郎、芭蕾舞與馬戲團。

我們確實經歷了一場穿越時空隧道的旅行，從二十一世紀的莫斯科，經過中世紀的佛拉基米爾、蘇茲達里，再前往十八世紀與十九世紀的聖彼得堡、第九世紀以來的諾夫哥羅德，然後回到二十一世紀的莫斯科。

（一）穿越時空的歷史之旅

俄羅斯的歷史，並不是從諾夫哥羅德開始。在西元前兩千年以前，印歐民族和烏拉–阿爾泰族，已經活躍在俄羅斯的土地上。後來，希臘人和波斯人，曾在烏克蘭地區殖民，建立貿易帝國，他們也曾深入北方的森林地區，以及伏爾加河流域。

匈奴人、阿瓦人（Avars）、哥德人（Goths）、馬札爾人（Magyars，今天匈牙利人的祖先）、東斯拉夫人，從第四世紀以來，都走過俄羅斯大草原。

第九世紀以來，北歐人、波斯人、東斯拉夫人，在俄羅斯建立貿易據點，形成部族聚落，也融合成一個新的羅斯族（Rus）。喀山王國則建立於伏爾加河下游、頓河、和烏拉地區。

北歐人建立的羅立克王朝

　　如果《俄羅斯初期紀年》的記載可信，那麼，來自北歐的瓦蘭基人，在羅立克的率領下，於西元九世紀在諾夫哥羅德建立了羅立克王朝，並征服基輔，建立基輔羅斯王國，統治俄羅斯。

　　根據西元一一一二年基輔山洞修道院（Kievan-Rus of the Monastery of the Caves in Kiev）僧侶聶斯特（Nestor）撰寫的《俄羅斯初期紀年》（The Russian Primary Chronicle），斯堪地那維亞半島瑞典的諾曼人（Normans，初期紀年稱為瓦蘭基人Varangians），在西元八五九年曾經侵入俄羅斯西部，向當地居民徵稅。兩年後當地部落將這些瓦蘭基人驅趕出去，開始自行統治，但卻互相攻擊，搞

我們穿越時空，體驗了俄羅斯的過去與現在。

到部族都厭戰的情況。

因此，俄羅斯西部的一些部落，派人前往海外找到瓦蘭基的羅斯人（Russes）領袖羅立克（Rurik），請求根據他們的法律來統治這些互相殺伐的部族。

羅立克就帶了他的兩個弟弟西努斯（Sineus）、楚佛爾（Truvor），和羅斯族人，於西元八六二年來到俄羅斯西北部拉多加湖地區（Lake Ladoga），羅立克駐紮在諾夫哥羅德（Novgorod），西努斯駐紮在貝魯澤羅（Beloozero），楚佛爾駐紮在伊茲伯斯克（Izborsk），因此，諾夫哥羅德地區就稱爲「羅斯之地」（the land of Rus），這些居民以前是斯拉夫人，後來則成爲瓦蘭基人的後裔。（蔡百銓譯，David Mackezie等著，《俄羅斯、蘇聯、與其後的歷史》，國立編譯

蘇茲達里是十二世紀的權力中心。

俄羅斯娃娃的表情，代表許多俄羅斯人的心情，有苦有樂。

館，上冊頁三三，引自《初期紀年》）

東正教傳入俄羅斯

羅斯基輔的佛拉基米爾一世，在西元九八八年接受君士坦丁堡的東正教，並定爲俄羅斯的國教，從此，東正教成爲俄羅斯人生活的重心，並影響到國君的施政。

一一五六年，尤里‧多爾哥魯基大公，開始建造莫斯科城，使莫斯科城逐漸成爲俄羅斯的政治中心。

基輔羅斯發展的結果，各公國內鬥，導致羅立克王朝衰弱，各地公國獨立行使統治權，因此，蒙古人（或稱韃靼人）在十三世紀征服俄羅斯，統治兩百五十年。

蒙古人將統治中心設在伏爾加河下游的薩來，居住在金色帳棚中，逐水草而居，對俄羅斯人只有收稅，而沒有完全的統治，因此，羅斯基輔的各公國，仍然可以自行統治。莫斯科大公則於一三八〇年在頓河的庫里科佛（Kulikovo）擊敗蒙古軍隊，成爲俄羅斯的實際統治者。

諾夫哥羅德是俄羅斯歷史上羅立克王朝的發源地。

一四六二年掌權的伊凡三世，拒絕再向蒙古人繳稅，蒙古人遂逐漸退出俄羅斯大草原。

伊凡四世統一俄羅斯

一五四七年即位的伊凡四世（恐怖伊凡），擊退了蒙古人的最後攻擊，在莫斯科克里姆林宮興建聖巴西索大教堂，紀念這場戰役的勝利。後來他並進一步統一俄羅斯，成為第一位沙皇。

「恐怖伊凡」去世後，俄羅斯陷入內戰，外戚米契爾·羅曼諾夫被推選為沙皇，開啟了俄羅斯的第二個王朝—羅曼諾夫王朝。

米契爾的孫子，彼得大帝，在皇族內鬥中取得政權後，致力西化與改革，並建立強大的海軍，發動戰爭，取得波羅的海與黑海的出海口，終於將俄羅斯帶入歐洲爭霸的戰爭漩渦。

彼得大帝死後，王權不穩，人民要求改革，沙皇充耳不聞，終於在一九一七年二月結束了羅曼諾夫王朝三百多年的統治。

戈巴契夫放棄冷戰對立

列寧領導的無產階級，建立了蘇聯七十四年的政權，共產制度造成人民的生產力不能發揮，國家依賴嚴厲的專制統治，對外則與西方民主集團形成冷戰的僵局。

戈巴契夫決定放棄一黨專政，將民主還給人民，帶領蘇聯人民追求和解與和平發展。但是，各加盟共和國獲得自由選擇後，紛紛要求獨立，蘇聯終於在一場違背民意的的政變之後解體了，新俄羅斯與各共和國組成鬆散的獨立國協，世界緊繃的對立，遂獲得緩和與合作的機會。

由於戈巴契夫化敵為友，放棄對立，我們才有機會到俄羅斯旅行，親眼目睹俄羅斯的過去與現在。雖然是來去匆匆，我們對俄羅斯的歷史、文化、與生活，已經有了初步的認識，這也是旅行的好處。

（二）現代俄羅斯之旅

在十天的旅程中，莫斯科當地導遊吳逸凡，告訴了我們許多有關現代俄羅斯的資訊。她是學

聖彼得堡從十八世紀到二十世紀初，是俄羅斯沙皇的舞台，如今已是大江東去。

傳播的，在莫斯科留學多年，對俄羅斯有相當的了解。我轉述了許多她所提供的資訊，並加上個人的理解和查證，來談現代俄羅斯。

莫斯科人口約九百萬人，加上外來人口，共計一千四百萬人，約占俄羅斯人口的十分之一。

俄羅斯女多於男

現代俄羅斯，女多於男，這

俄羅斯的專制帝王，已經一去不復返，如今追求的是民主、自由、繁榮。

是戰爭遺留下來的問題。另一個原因是，酗酒縮短了男生的生命。加上女生一般就比男生長壽，男生平均壽命五十六歲，女生六十四歲，就形成女多於男的現象了。

莫斯科的道路呈現放射狀，最外面一圈的環狀道路，有一〇九公里長，經過第六外環道，就是進入莫斯科了。市區是工作地點，住家在三環道以外的郊區，因此，上下班時間交通擁擠，三百多萬輛汽車一起擠在路上，加上車輛老舊，經常拋錨，路邊隨意停車，都是交通混亂的原因。

俄羅斯的春秋兩季很短，夏天只有六七八三個月，最熱時約攝氏三十度。九月以後就逐漸冷了，冬天漫長，人們必須儲藏糧食燃料過冬。

水果蔬菜依賴進口

在蘇聯解體後，美國的麥當勞速食店已經進入俄羅斯，生意很好，經常大排長龍，一份麥當勞套餐約一百三十盧布（約等於

歐洲文化對聖彼得堡的建築有重大的影響，圓型拱橋模仿了威尼斯的嘆息橋。

彼得夏宮的華麗，有如巴黎凡爾賽宮。

海洋是俄羅斯的希望所在，有出海口，才有發展。

美金四塊半）。俄羅斯人的午餐很簡單，喜歡吃烤肉，日本料理也很受歡迎。

我們看見莫斯科市面上有很多蔬菜水果，都是進口的，據說莫斯科人不會種菜，蕃茄、黃瓜、櫻桃、香蕉、蘋果、西瓜，都是進口的。鄉下地方可能會有零星的種植，我們在蘇茲達里看見當地出產的醃酸黃瓜，擺在路邊賣。蘇茲達里木製教堂民俗村內，有一小塊菜園，種了許多青菜，外面掛著一塊牌子，畫著一隻　，上面打個叉，意思是告訴雞隻不可進去吃青菜，夠幽默

吧？

我們在蘇茲達里鄉間的路邊，買過一些水果，價格不貴，香蕉一根五盧布，水蜜桃一公斤九十盧布，櫻桃一公斤一百五十盧布。

除了外國農產品進入俄羅斯外，外國企業也已進入俄羅斯市場，許多南韓的公司，例如三星企業，也在爭奪家電市場，到處都有它的招牌。

莫斯科許多大建築，都是一九五〇到六〇年代建造的，蘇聯解體後，經濟一度相當混亂，幾乎沒有什麼新建築。史達林時

代，兩戶人家合住一間房，赫魯雪夫下令多建國宅，平均一人可住一房。人民為了增加分配面積，就養貓養狗，當時貓狗也可以參加分配住房面積。

人民可以自由購買房地產

蘇聯解體後，人民可以自由購買房屋。但是，一般住家的房價很貴，別墅價格便宜，所以，

許多新興的中產階級，願意貸款在郊區購買別墅，週末假日即可去別墅度假，或者外出度假，使得周末假日交通更加堵塞。

莫斯科地鐵有十一條路線，兩百六十公里長，一百多個站，從南到北乘坐地鐵約需四十分鐘，交通尖峰時刻，地鐵可以載客八百萬人次，是大部分莫斯科市民倚賴的大眾交通工具。

蘇聯在一九九一年底解體，

俄羅斯的觀光環境已經改善，觀光客日漸增多。

十幾年來，改革的速度很快，政治走向民主，經濟與西方世界的市場經濟接軌，社會制度也在改變，醫療保健仍然由國家負責，民眾分擔的藥費，也很便宜。不過，俄羅斯人民的心態還沒有完成改變。過去做事拖拖拉拉的習慣，多一事不如少一事的態度，還沒有調整過來。積極爭取的態度，或許可以從新興企業的從業人員看出來。

保留社會主義措施

新俄羅斯保留了許多社會

東正教的教堂，是俄羅斯人信仰的中心，也是觀光的對象。

主義的措施。成績優秀的學生，國家會栽培到大學畢業、或讀到博士。貧困救濟金制度仍然保留，政府仍然鼓勵民衆多生孩子，第一個孩子補助兩三千盧布，第二個孩子補助一萬盧布，第三個孩子補助兩萬盧布，甚至政府還可能會送房子。但是，年輕人還是不願多生孩子，寧願享受生活。政府爲了保持俄羅斯民族的單純性，對外來移民有相當嚴格的管制。

到俄羅斯留學，需要有俄語的基礎，經過語文考試通過，可以申請就讀大學。否則，第一年要修讀預科，學習俄文與俄國文化。等到考試及格後，才能進入大學。一般大學學制是四年到五年，醫科要讀七年。一年有兩學期，有寒暑假，每學期約三個月，每年九月一日是新學年開學日，和中國大陸、台灣的學制差不多。學生簽證雖給五年，但每年都要辦一次落地簽證。

留學俄羅斯費用不便宜

莫斯科大學對本國人不收學費，對外國人則收高額學費，一年學費約需五千美元，而且逐年調漲，唸經濟、法律則需學費九千美元。學生宿舍每月須繳兩百五十美元住宿費，生活費每月約需五百美元。學雜費雖貴，但因莫斯科大學在世界排名屬於前五十名，畢業後找工作也比較容易。畢業生成績優秀的可以直升碩士班，不必考試。

在莫斯科地區工作，平均收入約五百美元，政府員工約三百美元。大學生謀職，薪水約五百美元，還算是高薪了。其他地區的待遇更差，邊遠地區護士的薪水只有一百三十盧布，仍然可以過日子。一般人都不存錢，前半個月儘量消費，後半個月等候下個月發薪水。

外商企業員工月薪約一千美元，但租房子很貴。莫斯科西南地區的房租較貴，每月約七百美元，外交公寓月租金約一千美元，所以大家都是幾個人合租一個三房一廳的套房，比較划算。

俄羅斯的電費水費都便宜，生病也不用花大錢，但是要自存養老金，否則老了沒錢還是要工

天真快樂的孩子，為俄羅斯的發展，帶來無限的希望。

作。政府雖然有老人公寓，卻不是每一個人都能去住的。在蘇聯時期得到的分配房，現在可以賣掉，再向銀行貸款買新房。

俄羅斯青年滿十八歲要去服一年兵役，上大學可以緩召，身體不好可以不當兵，大學畢業已過兵役年齡，也可以不去服兵役。

莫斯科有四怪

生活與現實的不調適，增加了酗酒、吸毒、與情色行業。有人努力賺錢，有人得過且過，還有些人日子難過。在解體後重新

開放的教堂，成為人們信仰的中心。宗教信仰不再地下化，對於心靈徬徨的人們，再度發揮了淨化心靈與指點迷津的功能。有些人願意出家修道，夏爾傑夫神學院就有八百名的學生。被蘇聯壓抑了七十多年的宗教信仰，再度復興。

根據吳逸凡的觀察，莫斯科有四怪：第一怪，幹活的多的是老太太；第二怪，拉達比奔馳跑得快；第三怪，青草白雪蓋；第四怪，大姑娘兩腿露在外。

老太太出來工作，是因為生活上的需要。過去在蘇聯時代，男女老幼都要分配工作，婦女外

出工作已經成為習慣。老太太還有工作能力，一般公私團體也願意僱用，社會上就有許多老太太在工作了。

拉達是俄羅斯生產的汽車，造價低，一般人買得起，新車當然比年齡老舊的奔馳（朋馳）跑得快了。

莫斯科的氣候冬長夏短，五月間青草已經綠了，天氣還冷，還會下雪。到了十月間，天氣冷了，開始下雪，青草還是綠的，所以就變成「青草白雪蓋」了。

莫斯科的姑娘走在時代的前端，穿起裙子來，兩腿露在外，當然有露多露少的尺寸問題。這在接受流行觀念的人看來，也沒什麼大不了，台北街頭不是也很有看頭嗎？

步調緩慢沒壓力

俄羅斯人生活的步調緩慢，每月都有放假日，好像沒有工作壓力，效率比較低，外國人較不習慣。葉爾欽主政時，企業私有化，讓很多人迅速致富，造成一批新貴，也使貧富差距拉大。有人經營房地產致富，還有人專蓋超級市場，依靠權勢拆掉古老建築，去蓋新市場，生意也就越做越大。

俄羅斯的土地已經可以買賣了，但外國人不能買土地，必須透過俄羅斯人去買，再出租給外國人使用。國營商店也賣外國的名牌貨，直接進口，價格很貴。外國人來俄羅斯投資，有優惠待遇，只要敢，就能賺錢。台灣也有一些大企業在經營開發這個市場。

觀光環境已改善

俄羅斯的觀光環境已經改善了。幾年前，觀光客還要自己帶衛生紙，當時使用的都是草紙，現在不用了，廁所已有抽取式的衛生紙供應了。

觀光客必須注意的是，機場移民局給的簽證白紙，一定要帶在身邊，或與護照放在一起，住旅館時要用，在路上警察也隨時會檢查，如果不帶在身邊，可能

被罰款，或帶到警察局處理。

俄羅斯的黑色魚子醬最有名，價格較貴，而且只能買兩罐，超出兩罐的部分要記得開發票，以防海關檢驗。伏特加酒、白令海峽的象牙蚌、帝王蟹，也是俄羅斯的名產。但是，俄羅斯的民生物資仍然缺乏，馬鈴薯是主食，大白菜、胡蘿蔔是主要的蔬菜。華人在此做生意的很多，但沒有開超級市場的。衣服主要是從土耳其和中國大陸進口。俄羅斯重工業很發達，但不會做衣服，或者是輕工業還沒發展起來。

俄羅斯正在走向市場經濟，逐漸與世界市場接軌。在發展的過程中，難免出現一些改變和問題，俄羅斯人能夠忍耐，他們的未來也是充滿了希望。下一個分散中國市場吸引力的，可能就是兩億人口的俄羅斯。

A.鱘魚,是俄羅斯珍貴的魚類,肉
質鮮美,魚卵可做黑色魚子醬。
(黃文宏攝影提供)

B.魚子醬、巧克力,可在聖彼得堡
或莫斯科機場買到。

參考書目

李明濱，《俄羅斯文化史》，
台北亞太，二〇〇〇年出版

李毓榛，《俄羅斯：解體後的求索》，
吉林攝影，二〇〇〇年出版

馮雪英譯，《俄羅斯》，
台北協和國際，一九九九年出版

尹慶耀，《蘇維埃帝國的消亡》，
台北五南，一九九四年出版

王兆徽譯，《索忍尼辛回憶錄》，
台北中華日報，一九七六年出版

楊可、孫湘瑞，《現代俄羅斯大眾文化》，
中國經濟，二〇〇〇年出版

岑鼎山等譯，戈巴契夫著，《改革與新思維》，
香港民主大學，一九九〇年出版

巴斯特納克，《齊瓦哥醫生》，
五洲出版社，一九五〇年出版

王兆徽編著，《俄國文學論集》，
台北皇冠，一九七九年出版

蔡百銓譯，《俄羅斯‧蘇聯‧與其後的歷史》，
國立編譯館，一九九五年出版

李慧菊，《浴火重生蘇聯》，
台北天下文化，一九九一年出版

《大英百科全書》

縱觀天下

金色俄羅斯：穿越時空之旅

作者◆方鵬程

攝影◆高莉瑛

發行人◆王學哲

總編輯◆方鵬程

責任編輯◆李俊男

美術設計◆余俊德

校對◆楊福臨

出版發行：臺灣商務印書館股份有限公司

台北市重慶南路一段三十七號

電話：(02)2371-3712

讀者服務專線：0800056196

郵撥：0000165-1

網路書店：www.cptw.com.tw

E-mail：cptw@cptw.com.tw

網址：www.cptw.com.tw

局版北市業字第993號

出版一刷：2007年1月

定價：新台幣290元

ISBN 957-05-2127-9

金色俄羅斯 ：穿越時空之旅 / 方鵬程著. 高莉瑛攝影.
 — 初版. — 臺北市 ：臺灣商務，2007 [民96]
　　 面 ； 　　公分. — （縱觀天下）
參考書目 ： 面
ISBN 978-957-05-2127-6
　　　 957-05-2127-9

1.俄國 — 描述與遊記

748.9　　　　　　　　　　　　　　　95023732